思想觀念的帶動者

文化現象的觀察者

本土經驗的整理者

生命故事的關懷者

心靈工坊 PsyGarden

Master

對於人類心理現象的描述與詮釋

有著源遠流長的古典主張，有著素簡華麗的現代議題

構築一座探究心靈活動的殿堂

我們在文字與閱讀中，找尋那奠基的源頭

靜靜地，我改變了

從覺察到轉化，一位心理工作者的禪修筆記

楊蓓——著

目錄

推薦序1

在不同道路上的知心相遇

曹中瑋／資深諮商心理師

我好喜歡這本書的書名「靜靜地，我改變了：從覺察到轉化，一位心理工作者的禪修筆記」，當我一遍遍唸著它，書中許多智慧話語浮上腦海，眼眶就溼潤了。靜，心靜，人靜，萬物寂靜，帶動的卻是一種「變」與「化」，這歷程要花費多大的功夫才做得到！

我和楊蓓老師在年輕時就相識了，雖然後來各自忙於工作、家庭和進修，很少有機會相聚，卻也總有機緣在不同場合碰見彼此，我能體會到，我們一直以各種方式相互理解與支持。

曾有兩、三次被楊蓓的學生認錯為她，心中總是歡喜得很，能夠與一位不但心理專業能力強，在佛學修為上也深厚的人相像，實在榮幸。然看到書中所述，發現我們雖外表有些相似，但個性本質很不一樣，因此我們自然用了不一樣的生存策略在這社會價值中存活下來。其中最是鮮明的一點是，她說「我就是那種屁股好像長了錐子似地，總是坐不住」，看到這兒我不禁大笑，想起身邊人常說我，屁股似有黏膠，一坐到椅子上就沾住不動了。但是，這不同更讓我佩服坐不住的她能持續數十年的修行之路。

讀這本書心中除了很有共鳴，也一直是情緒滿滿，超激動的。

一是很羨慕楊蓓年輕時就有緣受教於聖嚴法師。每每看到書中寫到聖嚴法師充滿智慧的提點、教導和解惑，我似也能間接受教般，時而如醍醐灌頂、時而像是棒喝，也時而如受到慈父的包容與關心。

二是佩服楊蓓在佛教修為上的用心堅持與生活實踐，如今更能用淺顯易懂的文字和許多真實的事例，將修行的重要性和實踐的過程清楚闡述，讓有緣者都能受惠。

三是我終於覺得對「無我」、「空」的概念更「通透」了些。「要認識自我、肯定自我、成長自我，才能走到消融自我。」是呀！沒有「我」，如何消融「我」？

我讀師專時，功課壓力不大，花很多時間看各式雜書，想了很多奇怪的問題，其中一個就是佛學中的「無我」。我所學的西方教育、心理相關理論都強調建立「自我」，那追尋沒有「我」是一種怎樣的狀態？我曾在參訪各家佛寺時向法師請益，可惜當時年紀輕，慧根不夠，沒能真的解惑。後來，學習諮商更是對此問題感到困惑、矛盾不已。

然自鑽研創始人有禪修經驗的完形治療，並修正與調整其理論內涵，使運作上能符合台灣現有的文化後，心中的疑惑似乎有些明朗。

我將完形治療中的兩極工作（人們內在矛盾衝突的特質，如勤勞和懶惰，總在心中打架，困住我們，完形治療會讓此相對的兩極特質對話，以取得平衡）加上了「主體性自我」這個位置，改由主體性自我來主導協調兩極衝突。因此，發展出「『我』王國」的概念，而主體性自我即為此王國之國王。也就是說，「我」這個人，就好似一個王國，內有我的各種特質、能力和情緒等子民，若國王能了解並接納、肯定與愛自己王國內的所有子民和官員，讓他們都各就其位、各掌其職，發揮各自的潛力和專長，逐漸長治久安後，國王即可無為而治。

從另一個角度觀之，「主體性自我」本就是「空的」，在「我王國」中，他是個虛位元首，沒有了國中的臣子、人民和國土領域，國王本身什麼都不是。於是，這就和「無我」或「放下我執」具異曲同工之妙了！

看到楊蓓用「角色行為」來闡述從認識自我到消融自我的修行歷程，我覺得比「『我』王國」的概念更為貼近生活，容易了解。

我們身在關係取向和他人取向的文化中，自出生起，「自我」就在關係裡生成，「我」所擁有的各個角色，自然都是由他人以及社會家庭的要求所形塑，以致角色行為與自我內在基本的需求、特質間，非常容易產生衝突，各類關係也經常遇到因個體差異而生的衝撞與糾結，還有意外和失落事件的干擾，人生之苦因此而生。

書中提到，禪修就是培養「觀」的能力——「觀察自己、觀察關係、觀察情境」，讓我們重新找回「實有我」，從而能站在較高遠的距離回看各個角色的展現，領略什麼是「假」，或說領略到一切都是「必然」亦是「偶然」，而能不再受「角色我／假我」的控制。有了這樣「空」的知覺，而保有某種程度的清明理性狀態，即進入「消融自我」的階段，自然就容易解決衝突，煩惱亦可削減。

這和完形治療重視的「覺察」相似，覺察也是需要往內觀看，看清楚自身主觀經驗造成的僵固認知系統、固著行為模式、慣性逃避策略以及未竟事宜對感官知覺的蒙蔽等。懂得、明白後，才能與自己的需求和情緒感受真實接觸；更必須覺知與理解環境的限制和他人的狀態，之後才能為自己做出「你好我也好」的智慧選擇。

然而，這幾年我個人經歷不少無法掌控的大小事，無常感如影隨形，雖然完形治療的訓練讓我內在界限清明，能平靜專注在當下所要做的事情上，但當空閒下來，煩擾之事又會浮上心頭，無法時時保有寧靜的心，此時只能做些喜歡的休閒活動來轉移心情。

從這本書中，我得到新的領悟：我雖能常與自己相處，也勇於面對內在與外境的覺察，但缺乏禪修「夠長」的時間（三天、七天）來完整、安靜地與自己約會。少了這樣的磨練，心湖不易真正平靜而透澈，「轉」的改變做到了，但「化」的消融不足。因此，我需要開始用更多的時間練習禪修，期盼慢慢地體驗全然安穩與寧靜地只與自己在一起的狀態。

看完書，深深被觸動，如遇見知己般開心；更像尋著了提點我、啟發我的前輩般，心底歡喜。相信每位展書閱讀者，只要願意細細品味，並認真持續地去實踐禪修的方法，一定能領會到「靜靜地，改變和轉化」的境界。

推薦序2

一把跨文化、跨學門的整合金鑰

呂旭亞／榮格分析師

用心理學來理解自己，用心理工作的方法來助人離苦，是過去半個世紀才興起的現代解脫之道。如何將我們心儀的心理學理論貼近屬於我們的生活現場與工作對象，讓自己的所學所做可以為人心帶來真實的改變，是我輩心理人心心念念的大事。

而楊蓓的這本書恰恰回應了她對此一大事的所思所想。

她從自己的挫敗感開始詢問：人的改變歷程中究竟是發生了什麼？專業助人工作究竟是想要改變什麼？這兩個問題，是心理專業助人者的良心自問，只是楊蓓找到了一把金鑰匙，一個跨越文化與學門的整合與實踐。

撰寫心理學術論文時，很多人會以文化比較作為題目，將儒、釋、道的文化脈絡與西方心理學的某一個理論作比較，再以某一個古典文本或當下的社會現象作為對象，書寫其中的同異。這不僅是到國外唸書的我輩尋常的論文操作方式，也是學術界的常規，只是這樣做的困境常常來自於，這是一種無法類比的宇宙觀或知識概念的拼貼，雖然後現代觀點對於這種拼貼並不排斥，甚至認為是一種重要的當下實況，可是如此一來，概念各自美麗，對話卻無法真正發生，這使得創造新觀點的意圖沒能開花結果，心理理論與生命實踐之間的落差，還是在我們的助人專業裡持續著。

楊蓓跟我談起此書，輕描淡寫地說這是將她這幾年的上課內容整理出版，而我卻看到其中的精彩。她把自身的兩個修心、修行系統揉捏在一起，讓佛教與心理學在她的世界開始對話，因而開展了一個很厲害的思想建構。她把心理學的人格理論與佛教修行結合，打開我們對心理與修行各自系統的可理解性。薩提爾與鮑溫的家族治療理論、榮格與現實治療的各個理論，都成了認識苦、解脫苦的法門，以心靈的苦境為師，正是對修行的現代性說明，如楊蓓所說：「知苦、面對苦，是開始檢視自己如何活成這個樣子的開端，這個起點是一個由外界視角轉為觀照自己內在世界的里程碑，也是開始認識自我的契機。」認識自我的心理學理論在此成為精神修練的基礎。

楊蓓將佛學與心理學融入修行經驗，以七個階段來建立她的「自我發展」理論，從個人生活角色到超越圓融之道，她說得真真切切：

我們從角色當中來修行、修練，隨著自己對角色的認識，越來越透澈，輔以禪修的觀照工夫，我們便開展了一個和自己對話、融合的過程，並從中建構起自我的主體性，然後慢慢地，再跟角色之間開始融合，同時自我的疆界也會越來越擴大。最後，雖然人還是活在角色當中，可是因為自我的疆界具有穿透性，也淡看角色之苦，而帶著心甘情願的態度，懷抱著生命的意義性，邁向老死。

每一句話都有著她自己修行的體悟。

我認為最珍貴的，是楊蓓用華嚴宗的因陀羅網來發展心靈結構的理論，它既與榮格原型理論相呼應，又是我們文化的象徵隱喻。每個人心靈都有如因陀羅網，每個心靈面向也都如一顆珍珠，映照著其他的珍珠，相互呼應。每個個體的心靈也與集體心靈交互輝映，既是心靈圖像，也是生命經驗，我們沒有一個人是孤立的。

一個人全力投入自己心靈整全的工作是否是太過自私？心理學家榮格對這樣的詢問曾回應說：「一個人面對無意識，不是只為自己，而是為了人類整體。」他深信一個人的個體化之路是會引起千萬迴響的，在自己的修行裡走得夠深，它的影響在人類的這張珠網裡，就會映照得越廣，這與因陀羅網的概念全然契合。

楊蓓不只是個深刻的實修者，也是一個新的心理理論創建者。身為她多年好友，見她端出這本既深刻又有創見的小書，心中不禁呼喊：「楊蓓，好樣兒！」

推薦序3

我是不是遊民？——返身自知的存在之道

李維倫／國立政治大學哲學系特聘教授、
美國杜肯大學（Duquesne University）臨床心理學博士

讀這本書的時候，總感覺像是聽著楊蓓老師說話般的親切。楊老師不疾不徐地說著她的故事，從中浮現她的人生追問。那不是哲學的，也不是專業的，而是一個人普普通通的問題：「我們為什麼是這個樣子？」讀著讀著，不知不覺間，這也成了我的問題：「是啊，我為什麼是這個樣子？」當楊老師說到有一次跟一位遊民互動之後問自己：「我是不是遊民？」讓我吃了一驚！因為我心中也跟著這樣自問，但卻無法直接回答不是。

這是《靜靜地，我改變了》這本書的風格，讀來簡簡單單，但會引導讀者進入自我轉化的思考。接著，讀者就會像我一樣被吸引著，想知道到底覺察、修行與轉化的關係是什麼？楊老師提供的法門，就是在蒲團上的禪修工夫，而「在這個修行的歷程中，修行的對象是自己，修行的內容是認識自我、肯定自我、成長自我、消融自我。」一坐在蒲團上的禪修，大家都略知一二，但這跟自我轉化有什麼關係？現下流行的正念，正是來自佛教的修行，但坊間宣稱的「功效」不是「消融自我」吧？楊老師要如何告訴我們這其中的關聯？

在蒲團上的禪坐是從覺知自我、認識自我到消融自我的身體力行。它的覺知起點一點也不神祕，就是「痠痛」！透過對痠痛的覺知，進一步覺知到自己在痠痛之下的身心反應，以及諸多因之而起的念頭與情緒。逐漸地，痠痛的經驗被細緻地體驗到，興起念頭的過程也清晰了起來。如此我們明白了，自我的覺知並不是去洞悉「真正的自我」，而是覺知的精細化與清晰化。這是一種返回自身、返回身體經驗之覺知的建立。

在精細化與清晰化的自知之下，我們看到了自己在生活中被角色規範所捆綁——做這做那，氣這氣那。那個「我們的樣子」其實是「假的」，因為那是在與他人的種種關係之中被貼上的認同。但這個自身與他者間的相互映射卻是「真的」，楊老師以

「因陀羅網」來說明這種人世間的關係性存在的本質。「因陀羅網」不僅是比喻，更是對實情的描述。就在明白了這「假的」與「真的」之間，我們得以鬆動那「假的」，安心地處在那「真的」當中。這過程中，消融掉的是那角色認同所生的我，踏實起來的是那自知的我、心知肚明的我。這本書展示給讀者的，就是關於返回「自知」的存在之道。

楊蓓老師引用聖嚴法師的話：「從禪的立場看人類所感受的苦痛與不幸，主因不在我們所處這個地球環境的惡劣，不在人類社會的可怕，乃在於未能認識自我的本性。」我領受到的是，苦痛與不幸的感受，正是源於我們每一個人對「認識自我本性」這個任務，都有所虧欠。讀完這本書會知道，這並不是要我們對惡行或不公不義視而不見，而是要我們安住於自知當中，進行「心靈環保」——也就是以安穩的心態在周遭環境中從事善好的實踐。這是對自己，也是對他人的慈悲。

本書篇幅不多，你可以快讀，但絕對需要慢想；需要被好好想一想的對象不是這本書的內容，而是你自己。不過，有了這本書，在你想想自己的過程中，就有了楊蓓老師作伴。

走筆至此，我突然發覺本書的付梓，正是楊蓓老師的慈悲吧！

推薦序4

諮商與心理治療是東、西方相遇的橋樑

翁開誠／法鼓文理學院人文社會學群兼任副教授

佛洛姆（E. Fromm）在《禪與心理分析》[1]這本書中曾說：

生活在西方的人民，雖然大部分沒有清楚的意識到（或許大部分人一向如此）他們正在經歷著西方文化的一個危機……這個危機可以被描繪為「不安」、「倦怠」、「時代病」、人的機械化，人同自己、同他的同胞以及同自然的疏離。人追隨理性主義，業已到達理性主義變得完全不合理性的地步。（孟祥森譯，民六四，一三〇）

在這樣不安的時代，表面上出現很多討論宗教的暢銷書，實際上那是以空虛的宗教態度投射出對十九世紀空洞性的抗議，由尼采喊出上帝已死為代表。但這樣信仰動搖的時代，佛洛姆卻認為是個幸運的時代，因為激發出歐美在無神前提下發展出「心理治療」這個新領域。佛洛姆說：

> 十九世紀之捨棄有神論的觀念，從某個角度來看，是一件不小的成就……佛洛伊德從新的客觀觀點來研究人的潛藏動機，而認為人信仰一個全能、全知的神，是由於人類生存狀態的無助，是由於人想求得伸出援手的父母親——這父母親便以天上的神為代表。佛洛伊德看出來，人唯有自己救自己；偉大的教師、父母、朋友與愛人的援手，確實能給他幫助——但是只能幫助他勇敢的接受生存的挑戰，並用全心全力去做反應。（孟祥森譯，民六四，一三一—一三二）

在有神論前提之下，人追求「超越」（從此岸到彼岸）大概可分為兩種情況，一個是神在人之外的「外在超越」，另一種是神在人之內的「內在超越」。現在西方有神論動搖了，興起以無神為前提的心理治療，填補了空位，人的超越也走向追求自性的「內向超越」，走向東方。不論是儒、道、釋（禪），都有上千年以上的歷史傳統，在追求「內向超越」上，我相信東與西、古與今是可以相互豐富的。而佛洛姆也詳實論述了以心理分析治療為例，已經有哪些是與東方相通的、相異的、可以互補的。我舉其中幾個例子：

> 心理分析是西方人的精神危機以及尋求解決的意圖之典型表現……佛洛伊德自己的體系，並不像大部分人以為的只關乎「疾病」與「治療」的概念，而是關乎人之「拯救」的……我們會看出這個精神病治療學背後有著一種完全不同的興趣，而這個興趣是佛洛伊德甚少表明，甚或連他自己都很少意識到的。這個隱藏的概念其首要的目標並不是精神疾病的治療，而是一種超越疾病與治療的東西……佛洛伊德給予這個問題最清楚的答案可能就是「何處有本能衝動（Id），何處就要有自我（Ego）」。他的目標在於用理性來控制非理性的、無意識的慾望；在於使人從無意識力量解脫出來……何處有本能衝動，何處就應有自我，這是一種文化工作。（孟祥森譯，民六四，一三三—一三四）

關於佛洛伊德的理性，我在佛洛姆的介紹下僅舉以下兩個例子——其一關於知與行，其二關於知與情：

佛洛伊德的知識導致改變之概念，他認為理論與實踐不可分開，而在知己的這個行為本身中，我們就改變了自己。無須說，這一個概念同佛洛伊德當時和今日的科學心理學的概念有何等不同，在這種科學心理學中，知識只是理論上的知識，而對知者沒有改變的作用。（孟祥森譯，民六四，一三五）

佛洛伊德和其他心理分析者就不得不發現斯賓諾莎的話中所寓含的真理，即是，知性的知識，除非也同時是情意的知識，就不能導致改變……發現自己的無意識，絕不是一個知性行為，而是一種情意體驗，這種體驗幾乎不可說的。然而這並不意謂思考不能預先為這種發現鋪路；但這個發現，其本身是一個整體的經驗。這種體驗以自發與突然為其特徵。當事者的眼睛突然開了；自己同世界都從不同的角度顯示出來。在這種體驗發生之前，通常都會經歷到甚大的焦慮，然後是新的力感與安定感呈現出來……這些經驗是被深刻的感受到，是超越理論性的、知性的知識。（孟祥森譯，民六四，一七〇）

佛洛姆還介紹了心理分析與禪宗共同追求的理想境界是「泰然」，我就不再引述，因為楊蓓這本關於她一生的修行與轉化的書，給了我們一個活生生的例證。我覺得她的泰然，其來有自；她那最早的兩個回憶，似乎就象徵了她泰然的源頭與種子。

小時被叔叔、伯伯們圍著寵的經驗，是她經驗到這世界對她的善意，也是她對這世界的善意，更是她對自己的善意。而這善意隨著歲月經歷之複雜，我相信仍是她生命的基石，也是那泰然的來源之一。

楊蓓另一個早年回憶是爬到果樹上一面吃水果，一面看著樹下走過的人們，同時想像著關於他們一切。我想她自小就有一種欲望與能耐，為自己創造一個空間與時間，讓自己與自己相處，也發揮著想像力，也在這樣的時間與空間裡經驗著、也體證自己與各種他者（他人、群體、異文化與大自然）之間的種種。

楊蓓與我，從我倆二十歲出頭初次認識，一起帶團體，我就體驗到她的泰然。那次合作相當愉快，之後每次相遇，仍然感染著她的泰然。希望各位也能透過閱讀這本書，欣賞到、感染到她這分泰然的形成過程。

1 E. Fromm 1957；孟祥森譯，民六四，台北：志文出版社

自序

一場關於人如何靜靜改變的探究旅程

好奇的個性使然，自己一直對人的改變機制懷抱著探索的興趣，一九九五年經歷了法鼓山菁英禪修營後，一有機會，就會與周遭的好友討論自己的禪修歷程，同時，也向聖嚴師父請益，在心理與禪修兩個完全不同領域中，交互比對、印證、對話，日積月累、點點滴滴，逐漸匯集關於「人如何改變」的探究旅程知識。

這個旅程，如同摸著石頭過河，時而滑順，時而崎嶇；前路時而清晰，時而模糊，永遠不知道這一刻的覺受，在下一刻是不是還在。當我在不斷溯溪探源的過程中試著把這些體驗串連起來後，一張「因陀羅網」在我面前展開了：許多看似不起眼的小石頭，卻又或顯或隱的相互影響、映照著。原來那些都不是石頭，是寶珠呀！

但，為什麼寶珠在世人眼裡無法閃爍？

我想起了美國人本心理學家舒斯壯（Everett L. Shostrom）。他認為，我們每個人或多或少都是一個「操縱者」（manipulator）：缺乏對自己的了解，壓抑情緒，隱藏真實想法，以「本能」去面對生活和與社會互動，因而逐漸失去對自我的真誠連結，進而陷入焦慮、空虛與疏離。如果一個人能對生活經驗有深刻的覺察，且能選擇適當的方式來表達自己，並為此選擇負起責任，則能將操控行為轉化為實現自我的行為，成為一個自己滿意的「人」。

禪修所鍛練出來的自我覺察能力，就是轉化的啟動開關，是我這顆石頭轉變為寶珠的開端，也是一個人從假我開始建立主體性，乃至確立實有我，最終邁向無我的起點。

經驗過禪境後，縱然有一些領會，我仍然活在這個世界上，我應該要怎麼和這個世界共處呢？我和世界的關係又是什麼樣的關係？這是一段好似兩個互有好感的男女在相互試探的階段，及到關係穩定了，我又回頭探問：「這過程中，我發生了什麼？為什麼我會有這樣的變化？」我將其歸納為「角色與我七階段」，以簡要說明一個人在與社會互動過程中，隨著主體性發展，個人內在質地會發生的變化；這個變化並不是一成不變的，也不是一路向前的，它比較像是在跳探戈，有時前進，有時候退，有時還會轉圈。雖然沒有固定的狀態，但在變動、流動之間，實有我卻逐漸、逐漸地堅定了，於是我終能體會到佛家所說的「空」與「無常」。因為變動而無常，因為流動而緣起，因此「空」成為實相的本質。

要如何才能「空」裡有「我」？我認為「孤獨」是最重要的載體。因為孤獨時，充分地與自己在一起的品質，能夠讓我們很安定、很飽滿，再去面對這個世界的「苦」，那也是一個「中」的生活方式——雖有境，但既不把它當成與我對立，也不把它當成與我統一，對立與統一是相容的。

曾經因緣際會地答應了心靈工坊前總編輯桂花，要把這些年禪修的所思所感寫出來，但我還是一年拖過一年，直到嘉俊接任總編輯，又再度提起出書一事，甚至不辭舟車勞頓，偕同同事士尊到我所任教的法鼓文理學院面邀，我這才開始認真思考該如何呈現自己這三十年來關於修行與轉化的心得。

本書的內容主要整理自法鼓文理學院生命教育碩士學程所開設的「修行與自我轉化」、「生命課題與整合」、「修行與生命轉化專題」三門課程內容。課堂上，學生們報告將閱讀、修行與生活相互參照的結果，並提出相關疑問，使得原本難以描繪的歷程有了鮮活的例子，然後在佳燕、演真等人的協助下，逐漸形成了這本書；心靈工坊編輯團隊於文字上的雕琢與相關建議，則讓本書能以較完整的樣貌呈現，在此一併致謝。

修行對個人所促發的轉化，可能根本沒有普遍性的公式或通則，它是非常個人且客製化的歷程，因為每個人的生命經驗都獨一無二，有各自獨特的路徑。所以只能啟動它，掌握動力後，它才能和我們的生命、生活中的方方面面產生關係，相互連動、揉合、運作。這個歷程表面安安靜靜，內在卻如天人交戰般地轟轟烈烈，有時如龍困淺灘般左支右絀，有時又如晴空萬里般乾坤朗朗，箇中滋味，難以言說，旁人只能在某個時刻突然驚覺：咦，你怎麼已經不是以前的你了？

這本書呈現的是一段關於我自己生命轉折的探究，是我們以目前現有的材料所能成形的樣貌，未臻完整，但也願能對所有有興趣探索生命轉化歷程的朋友們，提供一點參考上的助力。

祝福！

楊蓓　二〇二五年五月

第一篇

緣起

1 話說從頭

與佛法的相遇：一九九五遇到聖嚴師父時的困境

與修行相遇，是在我工作生涯走到谷底之時；而本書，則是我與修行相遇後，一方面實踐，同時作專業反思的過程心得。至於我怎麼會開始修行，又怎麼會以心理專業來反思修行路，這箇中的緣由，且讓我從生涯中的低谷說起吧。

一九八九年，在國科會獎助下，我做了〈各領域社會工作人員工作壓力、社會支持與職業倦怠之研究〉，內容主要是關心不同類型社工在職場上面臨的工作壓力、社會支援及與督導之間的關係。

當時，我已經回國在大學社會工作系任教多年，年復一年，一批批學生懷著高昂的專業認同度投入助人工作，但不消多久，又一批批地敗下陣來，有的人沒多久就離開，有的人在制度裡受傷，還有些人後來就生病了。看著他們，我很心疼。我想，是因為學生沒有真正很好的裝備，就被丟進社會去面對最弱勢的階層，才會好似炮灰一樣吧！於是我才有了趁著學生還在校的時間，就培養出他們能夠面對龐大工作壓力的心理素質的念頭。

學術研究做完了，同時我也傾盡大部分的心力培養學生，但，所有的努力就像一拍打上岸就隨即破碎的浪潮一樣，抵擋不了社會快速變遷下所產生的社會問題。我的學生們依舊前仆後繼地撲向職場，有的人奮力起身再戰卻搞得渾身是傷，有的乾脆從此離開助人工作。

面對這樣的無力，表面上，我仍然日復一日地在現場努力：帶團體、做個案、教學、督導……，但腦子裡卻問題不斷：我們現在這樣的狀況到底是怎麼一回事？這樣的現況難道不能被挑戰嗎？我為什麼一定要循著這個既有的軌道走？如果不循著軌道的話，還可以怎麼走？

機緣之下，我帶著專業，開始在企業教育訓練的場域做實驗，我想試試看，如果把我的所知所能用在和社工、心理專業沒有直接關係的人身上，會發生什麼事情？

但是，我仍然沒有辦法從中找到讓人改變的真正解方，換來的仍然是無力感、挫折感，一切都沒有多大的改變。當時，情感上，我真的認為不論我做再多的事情都沒有用！

我像是強弩之末，猶做困獸鬥，也思考著是不是該轉行了？

此時，兩條思考的線索影響了我，一是人的改變歷程中究竟是發生了什麼？另一是專業助人工作究竟是想要改變什麼？

就在這個時候，有位法師來找我，希望我能夠給僧團法師們上溝通課程。我心裡想，哇！我接觸過各行各業的人，就是出家人還沒碰過呢！

懷著好奇心，我走進了農禪寺的大門。

上課過程中，我發現這群出家人樸質且直接了當。我很納悶，究竟是怎樣的師父才能把一群徒弟教成這個樣子，真是不容易呀！因為溝通的基本功是要先明白自己，而要明白自己，就得先走過自己心裡的彎彎繞繞。

那個時候，聖嚴師父還沒那麼忙，偶爾會出現在教室的後方跟著大家一起聽課。有一次，下課時間，我們小聊了一下聖嚴師父：你是輔仁大學畢業的，你是不是天主教徒？
我：不是。
師：為什麼你沒有變成天主教徒？
我：我過不了我自己這一關。
師：你有什麼關？
我：我覺得人都做不好了，還要去求神！我覺得很丟臉！
聖嚴師父聽到這回答後，一邊笑，一邊拍手說：你這種人註定是佛弟子。
我：為什麼？
聖嚴師父敲了敲一旁的佛像，問我：這是什麼？
我：佛像啊。
聖嚴師父再次敲佛像：不是，你再聽。
我：木頭？
聖嚴師父：對，就是塊木頭。
我：那，我們為什麼要拜佛像？
聖嚴師父：那只是給你看的，讓你知道有個佛在那裡。你其實拜的是你自己那尊佛。你要把妳自己慢慢調好了、修行夠了以後，你也可以像佛一樣。

我這時候才明白，原來佛教是以無神論為基礎的，原來我對佛教誤會大了，當下馬上承認自己對佛教的無知。

聖嚴師父趁機追問我願不願意學？我一答應，師父馬上讓人拿來「法鼓山菁英禪三」的報名表，盯著我填完、交出去。

就這樣，我帶著一片空白，踏上了禪修路，並在這一路上，因為各種機緣，慢慢認識了佛法。

初次打禪，最讓我印象深刻的是聖嚴師父的開示。具體內容已經忘記了，只記得法師以「四它」和「四層次的自我觀」，很淺顯而完整地傳遞了心理治療的內容。

至於打坐的過程，那真是辛苦極了，但是辛苦中卻帶給我很大的收穫。

就像許多初學打坐的朋友一樣，一開始，我也兩隻腿痛得一塌糊塗，只能靠意志力在蒲團上堅持著。雖然我沒有說出來，不過，聖嚴師父晚上的開示就提到對治疼痛的方法。隔天，我照著聖嚴師父說的方式一一去嘗試：這個沒用，換那個；那個沒效，再換下個方法……直到找到對我有效的方式為止。

具體方式如圖1-1所示。

我很喜歡這樣的嘗試過程，因為在這樣的循環中，我對自己原本不察的習慣（如圖1-2）突然鮮明了起來。啊！原來我一直是這樣的呀！

「禪堂模式」與「日常模式」之間的差別就在於，打坐的時候，我不需自己尋找答案，只要把聖嚴師父給的方法拿出來嘗試就好。嘗試之後，可以在觀察自己的身心變化中，確認各種方法的適用性如何。

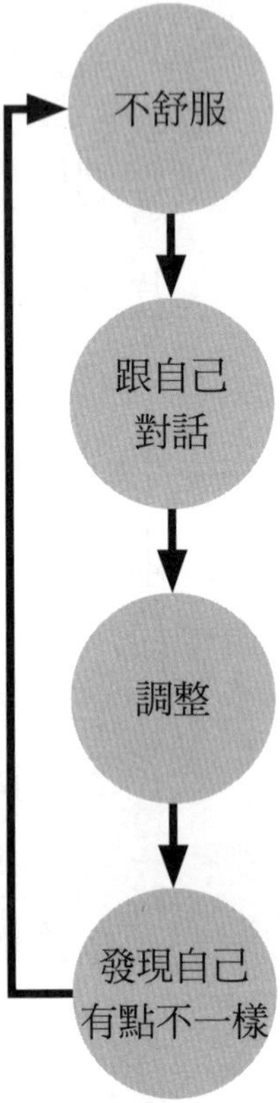

圖 1-1
禪堂模式

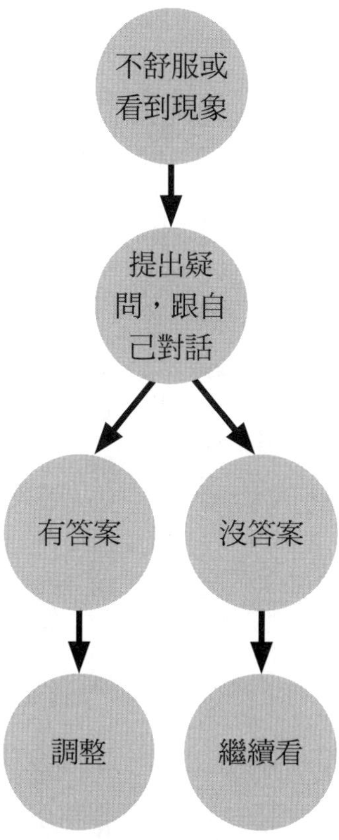

圖 1-2
日常模式

當下，我驚豔萬分：哎呀！原來，人就是在這樣的過程中調整自己的呀！每一次的調整都在朝向離苦與得樂。

只是，這過程中，方法是扶手，覺察自己是主體，而那個在隨境調整的我是誰呢？

禪修營的最後，聖嚴師父帶領大家拜懺。隨著身體一次又一次緩慢接近地面，思考也逐漸清晰了起來：我的初衷並沒有錯，可是在尋找方法的時候，我太把力氣放在自己認為的專業裡頭了！這個世界還有很多不同的方法，這些方法可能跟我所熟悉的方法不一樣，只是我沒有機會去了解。我一直在同一個領域中來來回回，所以才會有這麼些挫折！

過去，在認知上，我能理解專業助人工作是促進改變的領域，然而，身體力行中去體驗另類的改變路徑，這令我好奇心大熾，視野頓開。

我的心慢慢踏實下來，於是展開了近三十年的回顧與探索。

回溯思想發展的起源：從早期記憶的兩張圖象說起

我出生在台南，是家裡的第一個孩子。在我的印象裡，小小的我常常跟著父親到辦公室，所以，我的身邊除了爸爸、媽媽，還有一群像爸爸那樣的父執長輩們疼著、捧著。因此，我的最早記憶之一，就是一群男人哄著我這樣一個小女孩：他們把我放到辦公桌上，圍繞著正在又唱又跳的我。這是我的第一個印象。

第二個印象是，我自己一個人爬上住家附近公園的芒果樹上，坐在枝椏間一邊吃芒果，一邊向下望著來往的行人，猜想著這個人要去哪裡？為什麼往那邊走？那個人為什麼這個時間在這裡……吃完了芒果，我就淘氣地把果核、果皮往路過的行人身上丟，並引以為樂。

我小時候的記憶充滿著這些歡愉的印象，然而父母親印象最深刻的是我跟著大人走進電影院看電影，但是全家人都以為我走丟了，他們急得滿街找卻遍尋不著，最後是那個大人在電影結束後把我送回家，才結束了這場驚魂記。可於我而言，還是在吃喝玩樂！

這兩張最早記憶的圖像對我影響很大。其一是，我從小到大就感覺到我被周圍的人疼愛教導著，特別是父執長輩們：父親的同事們、求學時期的多位師長，包括聖嚴師父，可以說，我這輩子都是被他們一路拉拔著走的。當然，我與父親的關係更是緊密，因為家裡子女眾多，為了減輕母親的負擔，他不管到哪裡去，總是會把我帶上，幾乎是把我當兒子在養。因此，如果我這輩子活得有個樣子，那麼，他們就是我心裡頭很重要的動力。

他們包容我、重視我，可是，我又覺得自己其實沒有那麼好，心裡頭的愧疚感長久下來就變成一種補償心態，一方面覺得自己做不了那麼多事情，另一方面又覺得自己應該要做點什麼好讓長輩們滿意才行！不想辜負這些厚愛，大概是我這輩子最大的課題，也是我年輕時心裡最需要想辦法跨過去的檻。

其二是，小小的我爬上樹觀察行人是覺得好玩，後來卻養成了我抽離與提問的能力。特別是大學時期的我不愛念書、愛翹課，可偏偏輔仁大學地處偏遠，我要不一個人待在宿舍的聖堂裡，要不就是獨自搭車到西門町晃蕩一整天，或是買張電影票，連看個兩、三場電影。

在聖堂裡面，我看著聖母像、耶穌像發呆，然後就問祂們為什麼？為什麼我會念社會學系？只是因為我聯考失利進了一所私立大學，然後被分發到社會系嗎？這麼多人來跟祢做禱告，祢聽誰的呢……有時候，在自問自答之間，我會找到說服自己的答案，更多時候，問題就只能懸置在我和聖母像之間。

而在西門町閒逛的時候，我最喜歡透過櫥窗玻璃觀察街上的人，我會想：這些人為什麼這麼匆忙？哎呀，那個人跛腳了，他到底發生什麼事情……我滿腦子都是這些無厘頭的問題，雖然沒有答案，但我始終沒停止提問。

大學時期，還有一件事情影響我很深，那就是創立童軍社。

童軍團的活動一向很多，而且可以玩得正大光明，對從小就被叫野丫頭的我來說，是最有吸引力的社團。可是，當時輔仁大學只有男童軍團，居然沒有女童軍團！為了名正言順地玩，我創立了女童軍團，並且與男童軍團合併為童軍社。也因為這樣，我在大三升大四的暑假考取公費，到北歐參加全世界童軍大露營，還趁機在歐洲遊歷了兩個月才回來。

當時，家裡的經濟條件並不是很好，僅夠全家溫飽，但是，父親硬是湊了一些錢讓我帶出門。當他把美金交到我手上時，他很嚴肅的告訴我：「台灣太小了，你真的要出去看看這個世界！」

帶著父親的深切期許，我飛到地球的另一邊，兩個月的時間裡，因為語言不通，比手畫腳之餘，我用眼睛看、用身體感受，置身在他處卻時時反觀自己，我的疑問擴大了：他們是這樣，我們為什麼是那個樣子？這個世界為什麼差異這麼大？我們現在這樣的一個現況，難道不能被挑戰嗎？我們為什麼一定要循著這個文化、傳統走？如果我們不想循著文化、傳統的話，我可以怎麼走？

回到台灣後，真的有那種看盡繁華世界的感受，也才真的開始安分念書，發奮圖強。

大四時，我得到一個機會到台大醫院精神科實習。

接觸到的第一位個案是一位已經進入復健階段的精神分裂女孩。我經常跟她在當時的新公園一邊散步，一邊閒話家常。過程中，我很深刻的感覺是她沒有瘋！我原本以為是因為她康復了，可是再繼續談下去，雖然所知有限，我也發現她之所以會生病，是因為她面對生活中的困境，卻沒有辦法掌控那些導致困境的原因，以至於她必須用生病的方式把問題呈現出來，她才能不脫離這個世界。

可是，我們為什麼要說她是精神病人呢？以此推論，我們為什麼認為自己是正常，而另一群人是瘋子？這個經驗讓我後來在面對精神病人的時候，去病態化取向非常明顯。

另一個個案是個年輕男孩。他跟我分享了他在某家店裡面看到一張海報，海報裡的人就是現實生活中想要害他的人。為了躲避這些人的迫害，他只好不停躲、不停逃，可是，那些人總是有辦法找到他……

聽著當事人第一手報導著我從未接觸過的世界，我真是聽得津津有味啊！最後，他問我是否相信那些內容？我回答他，我相信他真的經驗到這些東西。原本緊張兮兮的他，整個人就此放鬆下來了。後來那孩子的幻覺雖然並沒有完全消失，但他的社會適應力恢復得很快，甚至能在一家保險公司擔任經理職務。

這些經驗都讓我深刻地感受到，我們的世界是被設定成現在這個樣子，但除了這個設定，難道就沒有別的了嗎？如果我們可以好好的傾聽活在異世界的人說話，讓他們有機會把腦子裡的東西理清楚，他們還會瘋嗎？是我們這個世界不願意傾聽他們，認為他們說的都是幻覺，並且想辦法打斷、阻止他們，他們才會用「瘋」來呈現的吧？

這樣的喃喃自語常出現在我與督導老師的對話之中，老師總以：「那你是怎麼想的？」來回應我，我就自顧自地繼續自問自答。

我從小就不是一個成就動機很強的人，但每週三到四天的醫院實習與訓練，讓我自覺也許畢業後可以試試助人工作。

我的第一份社區工作經驗是在被喻為「台北市最後貧民窟」的低收入社區，是當年政府為了給貧戶、戰後難民一個居住空間而打造的社會福利住宅社區，是台北市規模最大的平價住宅。社區的主要組成分子是以各種弱勢的低收入戶為主，所以，貧窮及其衍伸出來的各種社會問題充斥其中。我主要的工作內容除了要負責協助一百多個家庭外，還要負責其中的青少年輔導工作。

醫院工作與社區工作有很大的不同。在頻繁的家訪中，為了與居民建立關係，我學會修電燈、修馬桶等技能，印象最深刻的是我到警察局去保釋參與幫派械鬥的少年。現在回想起來，真不知道當年我是哪裡來的膽子呀！但是，從中我也深入理解了社區裡的少年們之所以年紀輕輕就不要命地去跟其他幫派爭地盤、械鬥，也不過就是為了希望自己和家人能在這個地方有個安穩的生存位置，甚至可以讓自己看起來好像很不錯的樣子。

隨著在社區工作接觸的人越來越多，我漸漸發現，不管在醫療體系或社會福利體系，當時我們的體制只能做到「維穩」——讓這些被貼上標籤的人不要干擾社會。但如果回到個案本身，我們要怎麼做才能讓他們與這個世界的差異性有個出口？到底，人要怎麼樣才能真的變好——變成一個別人可以接受，而他自己也覺得自己過得還不錯的人呢？

年輕的我常常浸泡在這些疑問中，漸漸地，這些疑問轉化成了動力，包括後來我走入禪修、學佛，我都會想，這些非專業領域經驗可不可以用來幫助人，讓人過上好日子？

留學時期開啟對時代、文化的反思

低收入社區的工作大概持續一年多以後，我通過當年的留學考試，飛到太平洋彼岸留學，學業沒有太大進展，倒是深刻感受到文化浪潮的衝擊。

我的學校座落在紐約第五大道上，學校有四、五個系所，沒有學士班，校園就只是一棟大樓，連個校園、操場都沒有，外觀好似一家百貨公司，一出門就是大馬路。雖然硬體上很讓人傻眼，但全世界知名的社會學學者都匯集在這裡，因此吸引了許多來自歐陸的碩博士菁英，不過，像我這樣黃皮膚的學生倒是非常少。

學校的學術氣氛濃厚，但是我聽不懂上課的內容。一方面是我大學學習到的社會學與這裡的老師們講授的內容有很大的落差，另一方面是老師們操著歐陸口音的英文，聽起來實在吃力，於是我這個野丫頭就開展了專屬我個人的「自主學習」。

從地理上來說，當時的第五大道是全世界精品的集中區，鄰近的蘇荷區（SoHo）聚集了許多的藝術家和嬉皮。蘇荷區後方旁邊則是唐人街，因此，當我在街上閒晃時，沒一會兒就好像走到了另一個地方，建築特色、環境氛圍、周圍的行人統統不一樣；同一片天空底下有著第五大道的繁華、蘇荷區的糜爛、唐人區的破敗、歐陸菁英學者的姿態……，我一方面感到混亂，另一方面也為著發現了世界的多種樣貌而感到興奮。

這段時間，我最大的享受就是走進巴諾書店（Barnes & Noble），那是一家好像書籍倉庫的書店。為了找書，常常得爬上高高的活動階梯才行。在這裡，我接觸到成長團體、人本心理學等書籍，浸淫在二次戰後，全人類都在尋求療癒的流裡。

另一方面，基於先前在社區工作的經驗，我也很好奇美國社會怎麼處理中低收入社區的問題，所以加入了以唐人街華人為服務對象的義工組織，他們讓我去陪伴華青幫[1]少年的家庭。

在與華青幫少年的父母、祖父母輩工作的過程中，我看到華人在種族歧視環境裡的求生不易，那些委屈、憤怒世代傳遞累積，讓正值狂飆時期的青少年接近瘋狂，只能透過加入幫派，在逞凶鬥狠、刀光槍響間尋找出口。他們的父母除了忍受各種委屈，壓抑憤怒，還要時刻提心吊膽，唯恐自己的孩子出門後再回來會是一具屍體。

年輕的我無法理解他們的生活脈絡，也無法理解他們的親子關係，又不能完全聽懂混雜著廣東話、上海話的半調子英文，只能像個呆瓜坐在一旁，看著他們哭泣，被深沉的移民之痛包圍著。漸漸地，我的無助變成憤怒：難道義工組織、民間團體不能再為他們多做點什麼嗎？當種族、體制、社群的輾壓，框住人們的生命時，不論是自己或他人，還能做什麼？

後來，我又加入一個以遊民為服務對象的義工團體。一週當中的一、兩天，當百貨公司關門後，我們就坐在街口與一些已跟義工團體建立初步關係的遊民聊天，聽他們說說他們的需要、困境，有時候會聽到他們的生命故事。

一位遊民老先生跟我說，他原來是個成功的企業老闆，在紐澤西有好多產業，他之所以把豪宅美屋留給家人，自己獨自在街邊流浪，是因為他的妻小、員工都只想要享樂，但他覺得享樂生活很無趣，又不知道自己到底想要什麼，所以他選擇當個遊民。

當下，我真是驚呆了！怎麼會有人自願做遊民？

他看著我驚訝的樣子，兀自若無其事的繼續說：「就我所知，遊民裡面跟我一樣的大有人在，他們不是日子過不下去，只是覺得生活沒有目標。所以，遊民可能是我們生命中的一個階段，也可能是我們的一輩子。」

年輕的我這才恍然，原來，當遊民也可以是人生命歷程中的一個選擇。但是，為什麼呢？每個人不是都想要過上好日子嗎？老先生的話，讓我又更進一步的思考到，人活著的意義不是只有過上好日子，還要包含他自己覺得是不是活得有意思。這是年輕的我過去從未想到過的，卻也讓我聯想到自己在校園、在西門町、在醫院、社區裡的疑問、晃蕩、尋覓，我問自己：我是不是遊民？

後來我轉學到田納西大學，主修教育心理與輔導。

我的碩士指導教授是德裔美國人，他就像大多數的德國人，理性、精準、一絲不苟、條理分明，所以在系上並不是個很受歡迎的教授，但是也因為他的治學態度，大家都很敬重他。

當時去找他指導論文的時候，心情其實很忐忑，因為我很害怕數字，而他雖然統計一把罩，卻也是系上的「大刀」。所以，一開始我就直截了當的說：「我從小就數學不好，可是，我也很好奇自己為什麼這麼差？所以想請問你願不願意做我的指導老師？」

結果，他隨手拿起一個蘋果，用水果刀把蘋果一分為二，然後問我：「這個蘋果跟原來的蘋果差別在哪裡？」

我回答：「原來的蘋果是一，現在是二分之一。」

他說，數字就只有這樣，所有的東西都是從這裡開始的。

我當下懵了，只覺得他一點都不兇悍，壓根兒忘了問他為什麼我的數學這麼差！

多年後，我又回到校園讀博士，他已經從量化轉向質性研究了，所以我還是找他指導博士論文。兩度為師，他真的就把我當弟子那樣的指導，不只在學術研究上給予很多的指引，也帶著我去做社區服務。這種以日常的相濡以沫來學習，開啟了我對「學習」與「改變」之間的關係有更多思考。

我記得有一個學期的每週四，我就跟著他到處去拜訪獨居老人，除了送去老人們生活需要的物資，也陪伴老人們聊天。出門前，我總是拿著紙筆跟在他身後，聽他娓娓述說：A一天要用幾片尿布，我們兩週拜訪他一次，所以這次要給他多少包；B一天是換幾次尿布，我們要準備三週的用量，所以要……。每位老人的需求都不一樣，但都清清楚楚在他的腦子裡！

到了老人的家裡，他總是一邊打開冰箱清點食物，然後把帶來的麵包、罐頭擺放整齊，一邊跟老人話家常。

我看他跟老人們之間的相處，一點都不像是去做社會服務，反倒像是去探望親戚朋友那般。而每次回來，我也都有很多的感觸和疑問。我不明白，他如何在面對這些種族、文化、個性差異的「陌生人」時，能夠一貫地以誠意相待？我仍然記得，碩士畢業時，他寫了一個他如何在麥當勞協助一個流浪漢的故事，打印成卡片，當作我的畢業禮物。

從碩士到博士，從量化到質性，我腦袋裡累積下的無數問題慢慢有了一些答案。

我認為，「我為什麼活？」「我為什麼這麼活？」「人生為什麼這麼難、這麼苦？」「我到底是怎麼一回事？」「我可以活成什麼樣？」這些疑問在人們的心裡從來沒少過。只是，我們很容易就會被社會化歷程所淹沒，並且以為服膺社會價值就會得到答案，卻無視於這個歷程的弔詭。若以最淺白的方式來解釋，就是人生是被內、外在環境形塑成「應該」有的樣子的歷程，而那個「應該」其實是一個眾數——因為大家都這個樣子。可是，在社會化的不同歷程裡，人們是從一個時空、情境，不停地掉到（located）另一個不同的時空、情境裡面，並在每一個環境裡被形塑，然後就像滾雪球一樣，一直滾、一直滾，滾出生命歷程來。沒有人能逃得掉。而這個歷程的載體，就是我們的每一個人明顯或不明顯的「角色」。

小結

從小，面對日常生活，我的心裡頭常常有一大堆的疑問，總括那些疑問，就是我看待現象時，不停地想要知道為什麼會是這樣。我太希望自己可以「清楚」、「明白」了。

透過觀察，透過我跟不同的人與環境接觸，慢慢一點一點地累積，形成了我對現象的解釋，接著，我就會想，我是不是真的可以讓人從這裡面得到好處，讓人可以為自己做一些轉變。尤其讀到卡爾・羅傑斯（Carl Rogers）在《存在之道》[2]（*A Way of Being*）一書，其中第十一章的主題是「我們有勇氣揚棄專業心態嗎？」這句話從年輕時就如同「話頭」一般的敲打我，以致日後在專業道路上，我一直有自己的撿擇。所以對於「改變機制」的思考，其實在我年輕的時候就慢慢的萌芽了，而其中，影響最大的就是我遇見聖嚴師父，開始了自己的修行旅程。

初初踏上這段旅程時，我是個宗教的門外漢，即使在大學時期曾經跟著丁松筠神父[3]每週讀經一段時期，但宗教、信仰、修行這些詞彙從來不曾在我生命中出現，更遑論是佛法了。初次菁英禪修營的經驗，讓我對禪修充滿好奇，隨著參與禪修的次數增加，我有更多機會與聖嚴師父接觸，也因此陸陸續續學習到一點佛法義理，嘗試著在日常生活中體會佛教經典文字中的奧義，並時時與自己的學術專業交互對話，直到我聽聞「因陀羅網」，對於「人為什麼會改變？」「人要如何改變？」「人的改變是怎樣的過程？」等諸多疑問，漸漸有了一個系統性的明白。

1 華青幫（英語：Wah Ching），源於清朝末年移居美國加州的華人受到不公平待遇而組成的幫派，本以華人互助為主，後逐漸變成為黑幫，成為控制唐人街的美國四大華裔幫派之一。

2 編註：中譯本由心靈工坊出版，鄧伯宸譯，二〇二三。

3 編註：丁松筠（George Martinson, S.J., 1942-2017），美國耶穌會聖職人員，曾任光啟社社長，曾以英文名字 Uncle Jerry（傑瑞叔叔）主持光啟社與長頸鹿美語合作的英語教學節目。

2

因陀羅網中的照見與鏡中自我：映照、文化、形塑

帝釋天是佛教的護法神，佛經裡說，他是三十三天（忉利天）[1]的天主。傳說，他的宮殿以數不盡的寶珠作為裝飾，這些寶珠一顆串著一顆，形成一張巨大的因陀羅網。而且因為這些寶珠都又透又亮，所以寶珠之間還會互相輝映，使得「一一寶珠皆映現自他一切寶珠之影，又一一影中亦皆映現自他一切寶珠之影，如是寶珠無限交錯反映，重重影現，互顯互隱，重重無盡。」（摘自《佛光大辭典》）

人際間的互相照見

我很喜歡因陀羅網的意象。如果我們可以站在外太空看見人們之間的關係互動，

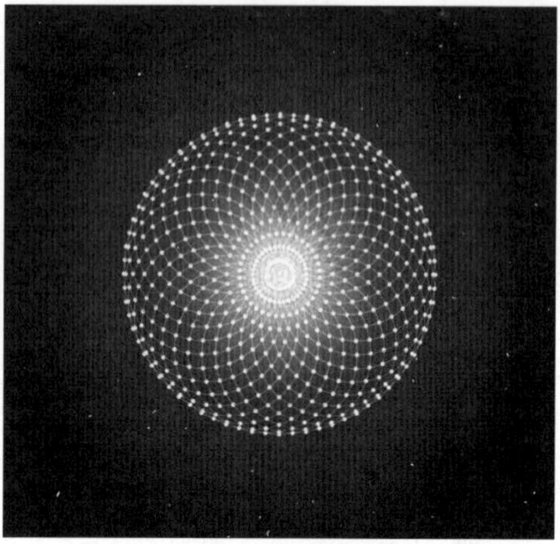

圖 2-1　因陀羅網示意

我想，大概看到的就是如上圖這樣的一張因陀羅網吧。

從這個圖來看，圖上的每個小點都是一顆寶珠；所有寶珠所構成的球狀網絡就是宇宙，就是我們生存的環境。它可大可小，可能有形也可能是無形；每一個個體或者是每一個單一系統，都可能是這裡面的某一顆寶珠。

「一一影中復現眾影」指因陀羅網中的寶珠相互映照。因為有無數的交錯反應，使得「重重影現，互顯互隱，重重無盡」，這就好像是我們站在兩面鏡子中間，從前方的鏡子裡可以看到無數的鏡中人，有無數的影像；有的時候你可以看清楚映照了些什麼，有的時候看不清楚。

寶珠的相互映現，顯現的是我們這一個宇宙世界的森羅萬象。在這個森羅萬象中，沒有人逃得掉，我們就在其中交互作用、相互映照、相互交涉、相互影響，也相互依存！有人把這樣的現象解釋為因緣，把其間的無窮變化解釋為無常。我則是在寶珠的相互映照間，看見一個人的生存狀態。

從整體上來看，我們可以清楚看到各個不同的珠子彼此之間的相互映照，但，如果我們是其中的某一顆珠子呢？我們從自己的位置看待其他的珠子，說好聽是依存關係，但其中也有更多的牽扯、糾纏；我們在相互映照的影響中，升起種種喜怒哀樂，變化無窮。

簡而言之，珠子跟珠子之間相互映照出的依存關係，就是我們的生存狀態。

我們沒法站在整體的角度來看寶珠間的相互映照，我們只能夠站在自己身為寶珠的這麼一個位置上來看自己、看別人，也看現象，於是我們所有的喜怒哀樂就跟著所看到的起舞。就好像我在紐約服務華青幫少年家庭的時候，即使只是坐在那邊聽著無法完全理解的話語，但一次又一次看到這些祖父母、父母輩的愁苦臉龐與新一代年輕人的憤世嫉俗模樣，一次又一次感受到自己甚至連安慰的話都說不出口，縱然他們的遭遇與我相距甚遠，但還是激起我對於不公不義的強烈憤慨與無力。

如果這個相互影響的過程帶來的舒服的感覺，我們就覺得寶珠的存在是好的；可是，在生命的歷程中，總有些經驗是不愉快的，在面對這樣的依存關係時，我們會感覺到受傷，這個時候，我們就認為那不是寶珠，是玻璃珠、是彈珠，甚至是石頭！所以，這裡頭有非常多的變異性。

所謂的變異性，指的是我們隨著心的變化，依存狀態也跟著變化。問題是，人很容易掉到現象裡面去，也就是說，我們都認為我在位置感受到的依存關係是正確的、是真實的。有些人在自己的位置上，看見自己如何被影響、如何被呵護、如何被虐待、如何被支援、如何被傷害……，然後就緊抓著那個關係，深陷其中。

人類對於腦部的理解其實很有限。據說，科學家還無法了解其作用的區域大概還有將近三分之二。這樣說起來，在「重重影現，互顯互隱，重重無盡」的情況下，有些東西被顯現出來，有些則被隱藏下來。那些被隱藏下來的，不是不存在，只是沒有顯現而已。

我每次看到因陀羅網的時候，都會想到人的腦部其實就是個因陀羅網，記錄了曾走過的點點滴滴。它放在天宮裡面做裝飾用的時候應該很漂亮，可是它放在人間的時候，可能就沒那麼漂亮了。

可是，為什麼因陀羅網在人間就那麼不漂亮？

從整體上來看，因陀羅網真的挺漂亮的，但是，如果從個人的角度來看，它其實千瘡百孔，因為在互隱互現的過程中，影響一直都在，所差者，是我們如何對待這些影響，或者對這些影響不知不覺。

寶珠的差異性與無限性

在我任教的學校教室外，有一小片觀音竹林，它們可能是在種子的狀態時被撒種在這個地方。就如同其他樹群一樣，即便土壤條件相同、日照狀況相同、落雨時間相同、風吹的方向相同，但是因為落點不同、先天條件不同，每一棵觀音竹就都長得不一樣。

人也是這樣的。人的生命歷程當中有很多自己無法選擇的落點，落到哪個點上，就從那個點上一步一步的往前走，然後就走成了今天這個樣子。如果從這個角度去看，每個人在成長過程當中所遭遇的因緣條件其實差異非常大。以我自己來說，若不是因為父親工作的關係，我不會在台南出生、長大，不會像個野ㄚ頭般地爬上芒果樹，俯瞰樹下的人來人往，從而培養出有距離的觀看和不斷提問的能力；帶著這個能力，我在西門町漫遊、在紐約街頭胡思、在教學現場反思、在禪修經驗與心理專業之間尋找對話的可能，點點滴滴的累積，才使我成為今天這個樣子。

還有，很多年前，我到北歐去旅遊，雖然時序才進入八月，但高緯度地區已經吹起陣陣冷風了。印象很深刻的是，某天早晨，我坐在一家咖啡店裡享受熱騰騰的咖啡，隔壁坐了一群正在聊天的女性。當然，我聽不懂她們聊天的內容，但我注意到，這群女性在溫暖的店裡面暢快聊天，卻把她們的孩子留在店門外的嬰兒車內了！後來，我詢問了民宿的老闆才知道，原來是因為那個地方一年只有三個月的氣候較為溫暖，為了讓他們的孩子熟悉、適應這樣的寒冷，所以打從孩子一出生，他們就會開始鍛練孩子對冷的覺受能力。這是他們要讓人與環境得以融合的必要策略啊！

正因為每一顆珠子都存在著差異性，而差異性又不得不被位置——也就是落點所限制，於是人類社會就發展出各式各樣的規範，好讓女人有女人的樣子、男人有男人的樣子、做父母的有父母的樣子、做子女有子女的樣子——所以，當我們在家庭生活、在學校讀書、在職場工作，只要坐上那個角色的位置，大約心裡頭就有數，即便沒有數，我們也會學、會看、會聽、會模仿，想辦法扮演好那個角色。

這樣說來，我們的成長過程就是一個被形塑的過程，只是我們不會有太多的覺知，只知道拚命往前走。而在這拚命往前走的同時，我們繼續一路被形塑、被制約、被磨練，到後來，我們就會發現，只要把角色扮演好，人生就阿彌陀佛了。說穿了，我們終其一生都在想辦法滿足這些規範。

但在這些規範的底下，其實每個人都有各自的期待，也有周遭的人對我們的期待，於是就形成了因陀羅網的相互映照，也就是經典上說的「一一寶珠皆映現自他一切寶珠之影」。

所謂的自他一切寶珠，我的解釋是，因陀羅網上的這些珠子，它不是只有個體，它也包含了大大小小、各式各樣不同的系統，而這些系統裡面，有人、有規範，也有期待，在這些因子的交互影響下，某些影響被凸顯出來，而某些影響好像就被壓抑下去。就在這樣子的重重互相影響下，重重無盡。

人生就是這樣嗎？

討論到這裡，我們不禁要問，究竟對我們來講，「角色」意義何在？難道只要進入角色任務，扮演好每一個角色，生命就完整了嗎？

從華人文化來看，我們強調家和萬事興，強調「老有所終，幼有所養」。所謂的壽終正寢，指的就是人生的角色上好像都能夠有一個交代，於是就可以安安穩穩地覺得我這輩子活成這樣子就夠了、無憾了、圓滿了。其實人活在角色當中，常常會覺得理所當然，因為所有的世界都對這些角色給予了各式各樣的期待、規範、理想。我們以為，把這些東西完成了之後，可以功成名就，可以圓滿無憾。

但，在這邊有個疑問，角色等於自我嗎？

我們在扮演各式各樣角色的時候，這些角色到底對於自我的意義是什麼？為什麼有這麼多的人，特別是遭遇挫折的時候，會對這些角色產生一些反思，進而問自己：我要這樣繼續做下去嗎？

人開始對「自我」（I）這個概念有一些深刻的意識通常都是撞牆的時候，也就是碰到挫折，或者是角色的對待之間出現了矛盾、出現了衝突，或者是在角色的規範跟期待之間，你發現你不喜歡這樣。而這些不喜歡、不適應，會讓我們開始去思考：我到底是怎麼了？

這種機會是非常重要的。它是人的一生當中出現的縫隙，好像那個「我」可以從這個縫隙裡面冒出芽來。

細心回想我們這一生，其實，很多時候就是個被制約、被操弄的過程。從出生開始，小女生被穿上粉紅色，小男生被穿上淺藍色，因為還是嬰兒，不管喜歡不喜歡，根本沒有抗拒的能力。等到上幼稚園、小學，我們不斷被糾正這個不行、那個不對，為的是讓我們的行為、想法可以符合社會的期待。所謂的模範生，其實就是社會控制下的一個成功的模組。面對這些過程，人在當下往往毫無知覺，他們只知道要遵從這些規範。

在我們成長的過程當中，這樣的事情一直重複發生，從來沒有停過，而我們就在其中被成功制約了。所以，一路走來，我們都要做一個好學生、好孩子、好人、善良的人、友善的人、有能力的人，才能被這個社會接受，然後，我們就有了「成功」、「圓滿」的人生。

從這個角度去想，會發現人活下來的過程其實非常荒謬，因為我們就這樣一層一層地被社會所規範，一層一層地扭曲自己，甚至不惜削足適履好讓自己可以「如其所適」——適合社會規範這雙「鞋子」，不管這它是不是合腳、會不會磨破腳跟，而且在穿「鞋」的過程中我們還沒有太大的覺知，不知不覺的就變成這個樣子。那是一個無縫接軌的人生。

所謂的「縫隙」，就是當我們開始對這些現象產生懷疑的時候，而這個懷疑通常是因為撞牆了——碰到挫折了，碰到需要協調了，碰到矛盾了，於是就開始掙扎。人生歷程裡的縫隙所相伴的疑問，是修行非常重要的材料。這也是為什麼那麼多經過挫敗的人會進入宗教道場的原因。

綜合以上，我們可以說，每個人的角色不同、落點不同，以及日後走的路徑雖然也不同，可是背後都有一個很大的框架把人給框住；人只有往這個框架的方向走才可以在這個社會上被認同。在這個過程中，縫隙——對生命的疑問，例如：「我怎麼了？」「我是誰？」——的出現，是非常重要的轉折點。很可惜的是，人在面對這些疑問的時候，常常都是升起來就壓下去了。為什麼？因為人生的任務一個接一個，角色也一個接一個，沒有太多的空檔去深思。

以結婚這件事情為例，有的人不結婚是打定的主意；有的人是交朋友、談對象都兜不攏，蹉跎之後，只好一個人單身。早期，這樣的人會被人家在背後指指點點。而那些被指指點點的人心裡容不容易產生疑問？其實是會的：為什麼我跟別人不一樣？我是不是應該要怎樣怎樣……。好像結婚、成家、生子才是人生的常態，不照著走就是不對。

可是時至今日，如果不照常態走，已經沒有那麼大的壓力了，也就是說，人的生存空間變了。那個情形就像一棵樹，因為今年冬天特別冷，這棵樹的成長速度可能跟往年不同，可是，如果今後的每一年冬天都很冷，我們會發現它就適應了——它生長的能力已經被重新規範。

單身這件事情有沒有憂慮？有。就是老的時候，自己一個人怎麼過日子？這些疑慮，在人的生命當中，不管做任何選擇，都會出現——有的時候是無奈的，有的時候是自己選擇的——不管怎麼樣，都會出現。

如果這些疑慮出現的時候，或者是在被這些框框架架形塑的過程中出現了一些很叛逆的新想法：我幹嘛要這樣？我幹嘛要服從這些規矩？這時候，那個就是「縫隙」。在那些縫隙裡頭，人開始去挑戰既有的規範，挑戰對自己的期待，或者是別人的期待。

此時，因陀羅網的相互映照也一直不停在改變。例如：女性決定不結婚，其實是對傳統女性角色的一種叛逆：我可以不結婚吧！我不用掉到夫妻之間的糾纏關係裡頭去。女性不管是自願或者是不得已做出這樣選擇的時候，周圍的人的看法，就已經開始發生影響力。

我認識一群不結婚的女性，她們真的搞了一個公社，合買了一棟樓，大家分層住。平常各自上班，到了放假日，一起煮早餐、吃早餐，甚至玩樂，有人生病的時候就互相照顧。

她們在這女子公寓的互動方式，形成了她們自己的認同感。當面對來自外界壓力，不管是來自整個社會環境或者是原生家庭，她們仍能覺得自己日子過得不錯，亦即有一個緩衝的能力，而不會讓那個壓力一下子就打到身上來。當女子公寓越來越多，大家慢慢習以為常了，來自外在環境的壓力也就越來越小了。

這是一個變遷的過程。人們對變遷的過程其實是不太敏感的，只會知道說，噢，這個人以前怎樣怎樣，現在怎樣怎樣，所以就不會再去說三道四。那個相互映照之間的壓力也就變了。

可是，會不會有新的壓力？會。

所以，人所受的壓力，說實話，只是這邊鬆了，那邊就緊了。人就這樣在鬆跟緊之間隨波逐流，並持續被形塑。人的心也是一直處在被形塑的過程中，所以不可能不被染著。

人們活在不同的落點上，而每個人也都是站在自己的角度看所有的現象，視角難免受限。如果能站在個體的立場，又能夠站在整體的立場看現象的時候，生存空間將會大很多。可是沒有辦法，大多數人都只能站在個人的立場上看世界，因此，喜怒哀樂就會跟著出現，所有的染著也都會在身上沉澱停留，心地不可能不被染著。所以，有些人會在長期的壓力積累之後，想要尋求一個心地「清靜」的未來。

這是為什麼說「人生是苦」的原因。因為人就是逃脫不掉這樣子的宿命，始終活在這樣的狀態下。所以，不是只有釋迦牟尼佛說人生是苦，其實如果從助人工作的一些不同的理論學派來講，人生也是苦。

人都希望在生命歷程中離苦，但因為沒有人能在成長的過程中擺脫環境的影響，必得透過「角色」來與這個環境互動，所以人與人之間的相互依存性是永遠沒有辦法不存在的。可是如果心裡清楚了寶珠為什麼黯然失色，就沒有那麼苦了。也就是說，由於知苦，我們可以開始面對苦，使得苦逐漸琢磨成因陀羅網裡顯現出來那顆寶珠，那麼，我們跟苦之間就能拉開一點點距離，而不只是被苦綁住，不明所以地掙扎。

1 佛教認為整個世界可以分為三界：欲界、色界、無色界。欲界又有六天，依次為：四天王天、帝釋天、夜摩天、兜率天、化樂天、他化自在天。而帝釋天，又名三十三天或忉利天的天王，梵名釋提桓因，是梵文 śakra-devānām indra 的簡譯，位於須彌山頂，有三十三宮殿，故稱三十三天。（參考：https://ddc.shengyen.org/?doc=07-08-023&tree_id=j1_3390，https://ddc.shengyen.org/?doc=07-08-020&tree_id=j1_3387）

練習

列出你的角色清單，然後寫下你對自己在這個角色上的想法或感覺、困擾。如果願意，還可以將這樣的想法與感覺分享給朋友，並請朋友給予回饋。

3

煩惱、苦、角色

人生角色的平衡，是知苦的起點

透過摩尼寶珠的比喻，我們討論了角色是人際網絡裡很重要的載體。我們都在角色上過日子，角色可以如夢似幻，可是，又血淋淋地真實呈現在生活當中。以我自己為例，每天一早起床，我既是母親又是妻子，因為跟老母親同住，所以我還是女兒。出了門，搭上車，我是乘客。進了學校，我是老師、是同事、是職員、是主管、是朋友……，一天當中，我們就在各種角色中不停一個換一個。

這裡頭很有趣的地方是，每一個角色都對應著另一個角色，女兒—母親、妻子—丈夫、職員—老闆、老師—學生、朋友—朋友……，即使對方沒有明確現身，但我們對自己在每一個角色上的感受、想法、期待，都與那個「隱形存在」息息相關。也就是說，我們對於每一個角色的「標籤」或既定印象，都是來自於我們與那個隱形存在的互動過程。

在這些互動過程中，如魚得水的時候，外人就會稱讚：「妳真是個孝順的女兒」、「老闆有你這麼認真的員工真是幸運」、「你真是個好丈夫」、「妳好賢慧呀」等等，我們可能也樂在其中，以為自己真的很稱職，是對方不可或缺的夥伴。但有些時候，我們也會被「孝順的女兒」、「認真的員工」、「好丈夫」、「賢慧妻子」這些角色壓得喘不過氣，甚至想要逃離。還有一些時候，當我們靜下心來看看自己在這些角色中的樣子，就會發現我們在不同的角色之間其實判若兩人：在朋友面前，我是個有主見的人，對每一件事情，我都有自己的想法，可是在父母、老闆，甚至另一半面前，我是個乖巧、柔順、聽話的人；又或者，大家都說我是隨和的人，可是，家人卻認為我是女王、霸王，全家都要聽我的話……。到底，哪個我才是我呢？我到底是個什麼樣的人呢？

當然，人本來就有多重面向，並在不同面向的拉扯中設法取得平衡。關於這一點，我們在後面章節會有更詳細的討論。在此，我們先從「角色界線」談起。

法鼓山創辦人聖嚴法師少年出家，因為戰亂，還俗從軍來台，退伍後又再度出家。從生命歷程來看，他從一位僧人的身分角色進到世俗系統，除了外在形象天壤地別，在他的內心裡也有著許多價值系統的掙扎，所以當他「做小和尚時，常夢到自己是個普通小孩；當兵時，又夢見自己是和尚。」[1]他從軍的目的，「絕不希望做個終身以守的職業軍人，以我當時的推想，一年之內或者最多三年，國民黨軍隊必可勝利，所以我還帶了部分佛書及僧裝，準備隨時重返僧籍。」[2]但是在軍旅中，他如何保有自己？他的內在跟世俗之間要如何保持界線？如何融合僧、俗兩邊的價值觀？

在我當兵的時候，也曾有一段苦悶的時期，那是在西元一九四〇、五〇年代，我無意於做一名職業軍人，沒有未來感，所以很苦悶。那個時候，我的態度就是『既來之，則安之』，抓住任何一個可以學習的機會。這個學習，有的是從生活之中去體驗，有的是從觀察之中去體驗，從書本上得到的反而不多。在不斷地體驗中，培養我對人的觀察和對人性的理解，這對我而言是很有用的。[3]

聖嚴師父藉由軍人的外形，在入世與他人的來往之間，辨明了內心中的「世俗」

與「出離」，確定他自己作為一個出家人該做、不該做什麼事情，建立起身為一個僧人的界線，所以當他再次出家時，他沒有任何的懷疑。而這個分清界線的過程，就是內心裡對來自外在與內在的價值判斷、期望的權衡、選擇過程。

再以已婚的女性為例，面對婚姻裡面的角色：妻子、媳婦、母親、嫂子、弟妹……，可能是承擔、不得不，或者委曲求全等等，無論是以何種姿態去迎向婚姻，都不免感到受苦，甚至苦得不得了。有的人從受苦中轉化出來，長出了自己生命的韌性，發現自己的興趣，開發出潛能，甚至找到生命的意義，完成自我實現，但是有的人就轉不出來。從這點來看，角色之間的調適過程其實先是因矛盾衝突而掙扎受苦，繼而以「生活中之體驗」和「觀察中之體驗」去反思、分辨，讓角色混淆之處漸漸有了自己內在的權衡、判斷和選擇，自己對於各種角色的期待也有了自己的看法，界線也就清爽起來。「苦」就是其中的敲門磚，對苦的認知，還有對苦的感受，是從苦中掙脫出來非常重要的基礎。如果對苦的認知夠深刻，人的轉化就會非常明顯。

前面提到，我初接觸佛教的時候，正是生命中的陷落之時，在那之前，我非常不認同佛法「以苦為師」的說法。雖然那個時候我因為臨床、社區等工作，看到生活中許多的苦，可是，那些苦都是服務對象的苦，不是我自己的。我真的開始認識到什麼是苦，是因為我沒有辦法為一些人的苦找到解決之道，做出改變，包括教學、社會教育……，統統走不通。

接觸禪修一段時間以後，再回頭看那些困境，那就好像一塊很華麗的布幔被掀開了，我發現，人都是陷在自以為是的苦裡面，任憑外界怎麼呼喚都醒不過來。從此，無論是我的學生、來訪者、精神疾病患者……，即便是面對一個功成名就的人，我都會逐漸看到人們為了在這個滾滾紅塵中不斷翻滾而感受到被貪、嗔、癡牽著走的苦。這些苦多數來自角色之間的矛盾、掙扎、衝突、挫敗，有些我們奮力擺平，有些造成決裂，有些長留遺憾，有些……。

我們的社會二元對立非常鮮明，大家習慣區分是非、對錯、黑白。但是，真的每件事情都是非黑即白、非對即錯嗎？以傳統儒家的道德觀——孝順來說，每個人的解讀不同，隨著時代與社會文化變遷，又有一些不同的解讀，可是，不管怎麼樣，「為人子女要孝順」就是一個華人世界裡不可改變的圭臬。

有些人認為，所謂「孝順」父母，就是要聽父母的話，不使父母生氣，經常侍奉在側，兒子一定要跟父母住在一起……，只要稍稍不隨父母的心意，或讓父母獨居就是不孝順。彷彿孝與不孝是二元對立的，這樣做才是孝，不是這樣做就是不孝。但真的是這樣嗎？「孝順」只有一種樣貌，沒有其他形式嗎？

有位學生從小很聽父母的話，是個順從父母的女兒，也一肩扛起奉養父母的責任。可是她從小就覺得自己跟父母的關係並不親密，負責奉養父母只因她的手足都已婚，而她單身。她雖然知道父母喜歡什麼、需要什麼，也樂於承歡父母膝下，讓父母在身邊頤養天年，但日復一日，她卻時不時萌生想要逃家的念頭。有時候，甚至感受到對父母盡心盡力是如山大的壓力，特別在追求自我和孝順父母之間有所拉扯時，心裡就有一股叛逆升起。她每每強力壓制自己的叛逆，勉力做到自以為的負責、孝順。有一天，她在向同學分享自己的生命故事時，突然間她啞然了，她不知道叛逆的她和孝順的她哪個才是自己！結果，她只能在台上痛哭，說不出話來。

她被「要孝順」的貪嗔癡帶到極苦的境地了！她並沒有錯，因為她，家才能如常運轉。但是，在完成家庭角色的同時，她把「自我」壓縮得界線不明、喘不過氣而不自知，於是不自覺地崩潰了。

覺知苦是修行的起點

人在日常生活中會感受到苦、煩惱，經常是因為某些事件讓我們感到受傷、受挫，這樣的苦很具體，可以透過諮商、借助各種方法緩解，就不苦、也減輕煩惱了。

但有另一種苦，我們深陷其中。服膺規範、入戲太深，經常渾然不覺，就像我那位孝順的學生，得等到壓力累積至再也受不了的程度，才會變成「事件」——站在台上大哭，卻不知道是為誰而痛哭。

這種苦，很大部分是伴隨角色出現的。因為人每天無時無刻不活在角色中，為了扮演好每個角色，有時候，我們跟自己有衝突或矛盾：在好媽媽和好女兒之間，我要如何取捨？我要當好丈夫還是好兒子……有時候，衝突矛盾存在於與周邊他者的互動、期待，有時候甚至是來自整個大環境。這些衝突矛盾不一定是具體的事件，可能是一種關係、文化差異、價值取捨等等。

對於這些不具體的苦，即使處在尷尬、掙扎的當下，我們往往也輕巧帶過：「哎呀，時代不同囉！」「人生本來就有很多無奈。」「誰叫他是我媽（父親、兒子、女兒、老公、老婆）」……。

或者，我們乾脆把它們視之為煩惱，好像這樣就不覺得它們是苦了。但它們是我們生命中常態性的苦，只是我們泡在苦裡卻不知苦。

在我教書的過程中，由於多數時候接觸的是修習社會工作學生，也就是在培養專業社工人員時，有一件讓我十分心苦的事情：就是每每看到學生在學校接受了四年的專業教育之後，滿懷助人的熱情投入職場，想著自己的所學能夠對這個社會、對需要幫助的人提供服務，這是一個充滿自我實現和專業認同的過程。有的時候是低估了社會困境，有的時候是高估了自己的能力，不管怎麼樣，學生們總是全力以赴，在這個充滿血淚的社會階層中想盡辦法為受苦的人做出貢獻。然而社會變遷的速度和專業制度的變化，使得這些學生的心力快速被消磨，有些人會透過自助他助，繼續奮鬥，有些人就轉戰其他的領域。

從教學的角度來看，如何讓這些學生的心理素質可以去面對工作壓力的負荷，是我身為老師對自己的期待，但我總看見其中的拉扯和張力，感受到人的自我照顧和喘息，終究趕不上制度的快速消磨，所以即便沒有在第一線看到學生的血淚交織，卻在每次聚餐取暖的時候，感受到那種苦不堪言的無言之苦。這讓我想起佛法中有一種苦，稱之為苦苦。也就是說因為人生是苦，因此感受到這種辛苦而覺得苦。我的學生們感受到社會弱勢的苦，而受苦；我，感受到學生的苦，也因此而感受苦。所以當我接觸到禪修和佛法之後，常常會想起如何讓助人工作者在這人生是苦的苦中，可以得到緩解。其實，人活著，本來就會面對很多的衝突、矛盾、挫敗，為了克服、避免這些衝突、矛盾、挫敗，我們執著於社會認可的好事，例如：孝順、助人、讚美、明辨是非對錯。可是，為什麼當我們徹底落實這些「好事」時，反而會感到不安，或是反而招來爭執？例如：做社工，卻被制度貶抑；樂於助人，卻不為家人所諒解；總是對人說好話，卻被指責是鄉愿；有責任感的女兒卻因孝順幾乎要崩潰……。這樣的命題都帶領我們開始去深入思考該怎麼做？該怎麼取捨？是要實現別人的期待，還是要順著自己的想望？。

一開始，它以煩惱的樣貌出現，時不時讓我們感到不知所措。我們不知道到底該怎麼辦，所以依然如故；於是煩惱越滾越大，滾成生命中的苦，讓人不知道生命到底該走向哪個方向。究竟我們是一枚棋子？還是下棋的人？這盤棋局可有勝負？

但也正是這片迷茫，才讓人得以破除二元對立，找到另一條道路。

很多年以前，一位朋友為了在專業上更精進，把男朋友留在台灣，孤身到美國去學心理治療。長期的異地戀經不起考驗，結果分手了。分手後，她在自己身上嘗試了各式各樣的辦法療癒自己，但還是覺得好痛苦、好難過。她打電話給我，我建議她，既然方法都不管用，那就跟苦在一起吧。一、兩個禮拜過後，她又打電話給我了，語氣裡透露著一點興奮：「楊老師，妳的方法還真管用！」我問她發現了什麼？她說：「我發現苦會變的！」

是的，苦是會變的。只是，它不是變不苦了，而是當我們開始覺知苦，看見苦的來處，明白了生命的樣貌，能夠進退有據，我們就不會被苦困住了。而這個過程，既是日常的修行，也是一個人轉化的歷程。

您準備好了嗎？讓我們一起帶著角色的苦（第2章最末的練習），踏上轉化之旅吧！

修行是人生的必然

「為什麼要修行？」這句話是我在第一個禪七無緣無故起的話頭。

當時，我已經累積一些些禪修的體驗了，但對於深入的修行、禪修仍是陌生的。

禪期進入第二天還是第三天的時候，我一上座就開始掉眼淚。心裡悲苦嗎？沒有。為什麼一直哭？不知道。我心裡很困惑：我到底發生了什麼事？一坐上蒲團就淚流不止，一坐上蒲團就淚流不止！

淚眼婆娑中，「我為什麼要修行？」的念頭就突然在我的腦子裡頭升起，越轉越大。後來，帶七的法師只好把我拎去見聖嚴師父，這個問題才得以解決。但從此一扇大門打開了，我開始在蒲團上、在日常生活當中思考、觀看我自己的變化，並把過去的經驗一個一個撿回來，看看到底是怎麼回事兒。

這是一種觀，不僅只觀看，還包含了反思及對禪法知識的涉獵，也包含了一些繼續打七的過程當中與聖嚴師父在小參之間的問答。也就是說，探索禪修的過程中到底讓我發生了什麼事，變成我生活裡頭一件非常重要的事情。

我從自己的經驗出發，試著將這些經驗跟聖嚴師父說的、跟書上說的、跟別人的經驗之間，不停的來回對照，並隨著體驗，學習累積經驗、增加認知，然後再把跟自己的、跟外界的對話反思融合，才漸漸開始好像有一點點的明白。

其實人到了中年以後會開始尋找自己。我到底活著是為什麼？我到底是個什麼樣的人？我到底……。這個時候是生命縫隙裡的自我開始冒芽的時候，轉化的契機就出現了。而轉化的材料就是日常生活中的點點滴滴。

在縫隙出現之際，人開始一路檢查自己到底在過程中發生了什麼事情，為什麼變成現在這個樣子。那是非常活潑、自動化地，去檢視自己的存在。這個時候如果下得工夫夠多，就能從家庭、社會、文化、區域，甚至種族這些項目上去找到蛛絲馬跡、歸因，並看見自己如何得被操控，又如何想要操控環境，然後就可以把這些框架一層一層丟掉。但丟掉的框架並不表示不再使用，我們仍會在需要的時候使用它，可是心底明白那個不是自己要的。換句話說，當我們終於明白因陀羅網沒那麼美，不像放在帝釋天宮裡面的那種美得閃閃發亮的摩尼寶珠，而可能就是一個灰暗的珠子如此而已時，人的自我實現就變得可能了。

在一次禪期之後，我帶著「為什麼要修行？」的疑問去請教聖嚴師父，師父清清楚楚地告訴我：修行是為了上報四重恩，下濟三塗苦。我聽了一頭霧水，追問什麼事是四重恩，什麼是三塗苦？師父明明白白地解釋之後，我心裡嘀咕著：除了父母恩、師長恩應該回報，其他的這些恩、這些苦，豈是我能報得了的。當時只覺得恩重如山，人的一生如何扛得了。殊不知隨著修禪學佛年歲日增，對自己與周遭的凝視越見深刻，人間疾苦，在自己的生活世界中悄悄地鮮明起來，終於承認了人生是苦。

知苦、面對苦，是開始檢視自己如何活成這個樣子的開端，這個起點是一個由外界視角轉為觀照自己內在世界的里程碑，也是開始認識自我的契機。

修行，啟航了。

1 《法鼓全集》（二〇二二網路版），〇九—十一，《法鼓家風》僧大校風的建立。
2 〈軍中十年〉，《歸程》，《法鼓全集》六輯一冊，法鼓文化，頁一四七—一四八。
3 《法鼓全集》（二〇二二網路版），〇三—十一，《文集》尊重生命．迎向未來。

第二篇

探索

4

自我是什麼？

「我」是誰？

前一章提到，人無時無刻都活在角色中，很多人甚至以為「我」就是各個角色的綜合體；而我們生命中的苦，很大一部分就是來自角色間的衝突與矛盾。這樣說來，是不是只要我們跳脫角色就可以超越苦？但跳脫角色後的我是誰？如果角色不等於「我」，那麼，究竟「我」是什麼？

我們首先可以觀察到，「我」存在一個大環境中，這個大環境包含了各式人種、民族、文化、社會、階級、性別、群體等；大環境中又有小環境——家庭、職場、學校……。無論是大環境或小環境，都是一個系統結構，而角色就在這系統中被孕育出

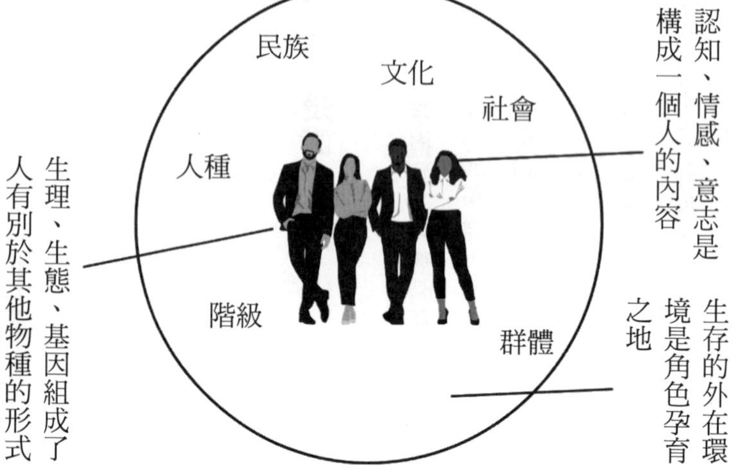

圖 4-1　「我」的組成

來。除了外在環境，從形體的角度來看，「我」是由與其他物種不同的生理、生態、基因所構成；另一方面，認知、情感、意志則是構成一個人的內容。綜合這些部分，好像就組成了一個「我」。拆開來看，各有部位、分類，合起來看的時候，就是一個自以為是我的「角色我」。

這樣的「我」，一出生就有一種焦慮，本能地焦慮著「我要存活下去」。從生存的外在環境來看，生存焦慮是一個驅動力，驅動我們與生命所依存的大、小環境產生良好互動。於是，為了好好活下去，我們就有各式各樣的動機。有了動機，就必然會經歷與社會互相影響的歷程，因為所有的動機所促發的行動都得在環境中完成。這個社會化歷程中，來自大、小環境的力量推動我們活出某種應該活成的樣貌，而我們也努力地成為符合那個樣貌的「我」。然而，這個驅動力有時候也形成我們生命中的一種「執取」。

說個小故事，就可以體會到這個歷程的無所不在。

汶川大地震之後，我隨著法鼓山的關懷團隊抵達四川，希望能為當地的災民重建身心靈上的安穩。四川的麻辣赫赫有名，幾乎每道菜不是麻、就是辣，或是又麻又辣，所以到了四川以後，每到一間店家，我們都會叮囑「不要辣」，但仍每每被辣到僵住！

跟店家反應，店家說：「給你們的菜都不辣呀！」所以，到底是我的舌頭太敏感，還是店家故意騙我們，甚至整我們？

其實，都不是。只是店員出生在四川，他從小接觸辣，逐漸形成了他對辣的概念、評價和解讀。所以，對他來說，那些配菜的辣椒真的還不夠辣，只是讓菜「有味道」而已。

就像我與四川人對辣的認知不同，我們所有的認知都可以牽涉到自身所處的社會、環境、文化、性別、階級、職業，只是我們對這些泡在某一個社會化系統的經驗無從選擇、無所遁逃，所以都被各自過往生命經驗中所建構起來的「習慣」所制約而渾然不察。

有些人在某些重大事件中，生存驅力下的奮力過程中為生命留下了一些烙印，影響著往後的所思所行，進而形成一種隱形的壓力，左右著自己的選擇。一位學生出生時，父母忙於生意，無暇照顧他，只能將他交給在鄉下的外祖父母撫養。鄉下的純樸民風形塑他善良的個性，也讓他認為人與人之間的相互協助、分享是很自然的事情。及長至學齡期，回到台北就學，少數同學譏嘲他愛管閒事，媽媽也常告誡他不要雞婆，要把時間花在學習上，慢慢地，他對要不要主動協助他人開始猶豫，等到他年屆中年，變成只有當朋友主動提出需要協助，他才會幫忙，否則，即使看到朋友的困難，他也只留下一句：「需要我時，說一聲。」就帶著不安的感覺離開了。

每天的生活中，我們必然會與許多人互動，也必然受到社會價值的規範，這些隱微的日常在看似不存在的相互映照之間積累，互隱互現，使得我們搞不清楚自己到底是如何被形塑的，也摸不清被形塑的過程中心裡頭有哪些活動，只能在某些時刻，不禁嘆然自問：「我怎麼變成這個樣子了？」

另一方面，這些烙印也像是一個個散落四處的線索，讓人在面對「我是誰」的大哉問時，無法立即循線思考自己到底是怎麼一回事，只能想方設法讓自己在生存需求與貼近別人眼中的我之間取得平衡。從上述例子的這位學生來說，生活環境的轉變是生命中的重大事件，在生存驅力的作用下，他藉著在鄉下生活時學習到的「相互協助」來努力融入新環境，期望建立與他人的良好互動關係，但是他得到的回饋並沒有讓他擁有友善的人際環境，反而得到「多事」的烙印，於是，他漸漸地退縮了。但是，另一方面，整個社會又都讚揚「助人」是良好德行，小時候在鄉下的生活經驗也讓他無法忽略他人的困難。於是他不知道伸出援手是否會傷害朋友的自尊心，以致失去朋友，還是讓他成為一個溫暖、可信賴的朋友，並繼續保有友誼，所以當他對朋友轉身別去時，心裡會感到不安。

說起來，社會化歷程有其弔詭之處。因為社會化歷程就是在形塑一個人應該是什麼樣子的過程，而所謂的「該是什麼樣」，說穿了，就是大家的樣子。所以，原本生存焦慮要問的只是「我怎麼活下去？」，加入了自己的期許、他人的期許之後，變成「我為什麼活？」，然後是「我可以活成什麼樣？」。這其中所傳遞出的訊息，以及歷程裡面的複雜和豐富性，讓我們每一個人淡忘了生存的焦慮，或者是把與生存焦慮有關的疑問都忘掉了，於是，那一句「我是誰？」就問了一輩子。

但是，要如何才能覺知到自己是如何被形塑的呢？

我如何活？

佛法認為「五蘊」，也就是色、受、想、行、識，是形構成人的生命的五個要素。聖嚴師父對五蘊的說明是：

色，指的是有形的、具體存在的物質體。我們的肉體、鳥獸、山河、林木、屋宇、餐具等都是。色，有粗有細，有具象與隱微的。粗的物質體，眼睛可以看見，耳朵可以聽見，可以用手觸摸，也可以以身體感知。但是，微細的物質體，則較難以肉眼察覺，卻仍具體而微地存在著，例如，微生物、病毒、細菌、原子等。

受，即感受、覺受的「受」。受苦受樂，感覺憂傷、恐怖或失望。「想」即思考、思想、想像、念想、猜想。「行」指的是心理的作用，心理的變遷、變化、與流動，特質是「相續流轉」——就是不斷不斷地變動、流轉著，如後一水滴推動前一水滴一般，流轉、變動個不停。

識，包含了三個層面——其一、是認識、認知；其二、是分析、辨別；其三、則指從前一生至這一生，從這一生到下一生，能夠收藏、貯存生命種種行為、印記的一個記憶的「藏庫」或「主體」。[1]

簡單來說，色蘊指的是生理的、物質的現象；受、想、行、識是心理的、精神的活動，也就是說，人的生命是由生理、物質現象和心理、精神活動所構成；人透過五蘊接觸這個世界，眼睛所見、耳朵所聽、鼻子聞到的、舌頭嚐到的、身體感覺到的，都是個體與身處的世界接觸的窗口。當我們從這些感官接收到環境中的各種訊息，社會化就開始產生作用了，接著，各種訊息的內外積累、交互作用、揀擇，使我們逐漸被形塑出屬於這個群體共同認同的樣子。

小時候，我是個好動的小孩，是老師眼睛裡那種好動活潑，可是一堆疑問的兒童。這樣的兒童在當時的社會、學校不太被喜歡。所幸，我一向成績好，又勇於參加各種活動，才沒被貼上壞學生的標籤。

家庭跟學校是傳遞社會文化價值非常重要的場所，我在這個體制裡面看到老師喜歡乖學生，又拿我沒辦法的矛盾，腦子裡總有許多的不解。時間久了，我就慢慢有了自己的分析、判斷：我因為好動，所以不被老師喜歡，可是，只要我成績和表現夠好，我就不會被老師找麻煩。服膺社會價值，成為我的生存之道。

幾年前，我開始參加重訓，教練對我的表現頗為驚訝，他很好奇這個七十歲的老學生怎麼可以短短時間就能有這樣的表現？所以，他問我小時候是不是常常運動？我說，對，我就是那種屁股好像長了錐子似的，總是坐不住的人，一天到晚動來動去的。教練告訴我，是因為我身上的肌肉有小時候的記憶，而那個記憶一旦被喚醒，肌肉就開始運作了。

教練的這一席話，讓我終於對小時候的好動有了正面評價。原來，走過的路必留下痕跡，只是早已淡忘。

一年多前，烏俄戰爭爆發，在一萬四千公里以外的我們透過媒體見到戰火的無情，許多情感、情緒、感受蜂擁而出，我們不曾細細捕捉、判斷它們，認知上立刻就有誰是好人、誰是壞人的判斷。隨後，媒體強力播送難民營裡的烏克蘭人民生活的艱辛景況，他們身無長物，哭訴著失去親人的哀痛，再度激起我們的情感，於是我們捐

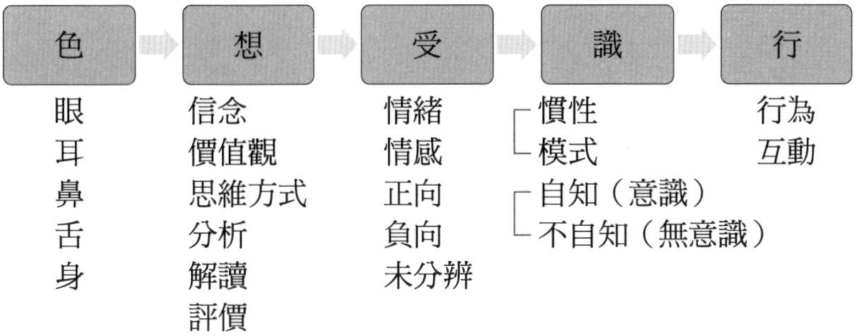

圖 4-2　五蘊

錢、捐物資援助烏克蘭。鮮少有人去理解這場戰爭的歷史脈絡和當前世界局勢之間的關係。所以，我們的行動常常是過往價值判斷的「習慣」性反應。

不論我對自己小時候好動的評價，或是我們在烏俄戰爭後所採取的行動，其實都如上圖的模式在運作，只是我們從不曾細膩區分這些過程，於是在生存驅力的作用下，生活中的點點滴滴就逐漸建構出我們與這個世界互動的習慣性模式。

再舉一個例子來詳細說明。

一個人若從小生長在父母常常吵架的家庭，每次父母吵架都讓他感到害怕、心跳加速，他會聽到父母的聲音高昂、尖銳、大聲，甚至伴隨著拍桌聲音，也看到父母的雙手誇大地揮舞著……，點點滴滴都威脅著他的生存焦慮，累積成為他的不安全感。漸漸地，他會把害怕、心跳加速、大聲說話、大動作揮舞雙手

色	想	受	識	行
1. 聽到父母吵架的聲音 2. 看到父母誇張的手勢 3. 心跳加速	吵架是不好的 以和為貴 做人要慈悲	害怕	害怕慣性模式：逃避吵架 自知：好好說話 不自知：否定負面感受	指責、超理性、和事佬、討好、打岔

圖 4-3　五蘊舉例

都當成負向的訊息，從中分辨並形成「吵架是不好的」的價值觀，加上我們的社會推崇「以和為貴」的文化，更讓「吵架是不好的」成為他深刻的烙印，並成為他的思維方式。於是他認為練習好好講話很重要。

表面上的理由是，好好講話可以營造家庭的良好氣氛，也有助於在社會上建立人際關係；心理上，則是他對吵架有負向的感覺，害怕吵架，甚至避之惟恐不及、否定吵架。但是，生活中怎麼可能每時每刻都萬事太平呢？於是，每次只要有對立的出現，他心裡就會升起負面的感覺，無法消融，於是不自覺養成了一個慣性：一旦嗅到有人要起爭執了，他馬上就逃之夭夭，或者馬上想辦法做些什麼來平撫別人的情緒，以避免任何爭執發生。他心裡頭那些負面的感覺、畫面、聲音，就這樣被隱匿起來，不見天日了，長久下來，形成了溫順、討好的性格。

這個時候，大部分的人都是處於不自知的狀態——不知道自己在逃避衝突，不知道自己在逃避的是什麼，所以他可能會用理性認知來指責對方或自己，要求要和氣待人、要化干戈為玉帛，或是做一個和事佬、討好對方，或是以打岔的方式試圖化解各種可能的衝突。這是一個非常非常細膩的過程，只是我們沒有機會去細細分析，以至於我們都活得自以為是。因為這裡面，除了有自己的恐懼，恐懼自己因為不夠好，所以會和他人有衝突；也為了服膺社會價值，以期獲得認同。與此同時，大聲說話、心跳加速等等的生理訊息，也都透過感官和對過往經驗的認知而做出對當前情境的判斷，於是有了如何息事寧人的意圖和行動。

「我」原來是社會建構，也是因緣使然

我們活在角色中，深受社會文化價值的影響，以至於我們朝向圓滿「角色」而活，而忽略了真正的自我。這個角色中的我充滿了社會功能。社會學有個概念叫「鏡中自我」（looking glass self），是說我們透過世界上各式各樣的鏡子（亦即他人和環

境），可以慢慢地看見自我。這個過程稱為「鏡映」——用鏡子映照自己的過程。

個人對自我的認識往往建構在他人（外部）對自己的反應和評價上，所以，我們會很在意別人的看法，自覺或不自覺地去調整自己的言行以符合大家的期待，與此同時，也就跟著有了起起伏伏的心理反應。當負向的感覺升起時，其實是心裡有一位法官在判斷、解讀，進而意圖就開始轉向了。

社會與心理互為表裡，將它們連結起來，便可以更認識「我」到底怎麼一回事。譬如自己的某個行為，在他人眼裡被視為霸道，但是從自己的角度，則認為我只是心裡覺得這樣的想法比較好、做法比較好、觀點比較好、對大家比較好、比較容易成功……而已。於是我會明白，外部反應的「霸道」，其實是從自己「堅持己見」而來，如果不想繼續被人貼上霸道的標籤，就要尋求其他的表達方式，或是有所妥協，甚至容許失敗。因此，當發現角色面具和自己內在觀點的落差之時，我們會開始去修飾霸道的角色面具，這是很自然的反應。

人就在這過程中，與自己內在的真實越離越遠，對此，家族治療之父鮑溫（Murray Bowen, 1913-1990）的解釋是，當一個孩子的個體性未能從原生家庭分化（differentiation）出來時，那是處於一種假我（pseudo self）的狀態，此時人會以為

「角色」就是自己。而當一個人能夠從社會、家庭分化出來，建立起實有我（Solid self）時，雖然仍生活在角色內，但是因為角色界線很清楚且具彈性，所以可以在執行角色功能之餘仍保有獨立性。所以，明白鏡映的過程，看見角色面具，認識假我，進而分辨扮演角色的種種和自己內在真實的差距，並嘗試調整，才能觸摸到實有自我。

薩提爾（V. Satir, 1916-1988）以「冰山」來隱喻一個人的外在歷程與內在經驗。她認為，人能夠被外界看到的行為或應對方式，只是露出水面的冰山一角，僅占了全部的一小部分，而暗藏在水面之下的大部分冰山，則是長期壓抑並容易被我們所忽略的內在感受、觀點、期待與渴望。所以我們要去探索個人的冰山，以尋得一致性（congruence）——表現於外的行為、言語與內心所感、所想、所欲是相符合的。她的目的是要我們開始去接觸自己、瞭解自己，如此，也才會慢慢感受到飽溫所謂的「實有我」的存在。

無論是飽溫的實有我也好，或者薩提爾的一致性自我，都是從所謂的「社會性的我」或者說是「角色我」，進入到「有我」的狀態。意思是說，我們開始覺知自己的身體、覺知自己的感受、覺知自己的心理變化、覺知自己的念頭起伏……。當我們對自己的覺知內容越來越具體，我們也就開始認識自己了。

開始認識自己、探索自己，則是自我覺醒的起點。這覺醒絕對是五蘊內外交互作用所產生的。所謂的「有我」，是因為我們向內在世界不停地貼近、探索，才逐漸鮮明起來。所以，不論要用何種社會科學的理論來解讀，或是用佛法中的「因緣觀」來詮釋，角色就是「我」的載體，在各種因緣和合的情境中，「我」就成了今天的樣子。社會科學的理論只是協助我們有了更多元的角度和路徑去辨識、去解析，其目的也只是讓我們更明白這個過程。

活著的現象，需要被覺知、詮釋，我才能被建構

禪修的時候，我們把自己固定在蒲團上，切斷來自外界的干擾，於是我們只能反向回頭觀看我這個「我」。這是禪修重要的功能。當一個人處在角色我的狀態，無論是鏡中自我還是假我，都是從外在他者來認識自己。可是，在禪修的歷程中，我們開始一點一滴地接觸自己，一開始，那像是一片片的碎片，然後，我們漸漸可以把它們拼湊起來，開始「知道」自己。

每每進健身房，教練總會問：妳上次回去後有沒有痠痛？幾次以後，我告訴他，大概從開始禪修以後，每次只要去打禪七，就知道一定會從痠痛開始，這麼多年下來，我覺得痠痛是個必然，所以就不太理會它了。

不過，「知道」痠痛是一個覺察的很好起點。

我們對於自己身體感官的覺知是可以被訓練的。比如：藉由打坐的放鬆練習，可以漸漸感知到身上什麼地方不夠鬆，需要放鬆。同時，我們也會漸漸知道不同的放鬆程度是些什麼感覺，而且因為每次的狀態不同，會知道可以使用哪些放鬆的方法。

身體感知如此，念頭、心理反應、情緒……等，亦是如此。隨著覺知越來越細緻，我們對自己的覺察就會越來越精細、越來越清晰。精細到某個程度時，我們會覺得自己整個人是清晰的狀態。這時候，如果有某些念頭升起，我們都會很清楚地覺知到這個念頭是什麼。

這樣的分辨能力，來自於對身體覺察的累積。透過感官，我們知道身心的變化，並對於自己心念的流動、認知的改變、思維的變化，都可以清晰覺察，不論是新的，還是自知或不自知的慣性模式，包括評價、解讀、分析。好像自己這面鏡子被擦得越來越明亮。

就我的經驗來說，當我開始透過禪修覺察自己在哪些時候會啟動評價、解讀、分析等自動化反應時，一件有趣的事情是，當一個新念頭或感覺出來了以後，我的下一個念頭就會無縫接軌地開始分析前一個念頭。我這才發現，噢，原來這些認知的框架是如此的根深蒂固！

後來，我把禪修的體驗帶回到日常生活中。我發現這樣的工夫不只可以在蒲團上發生，平時的行、住、坐、臥也可以用來修行，只要我們的覺知能力夠細緻，即使是尋常的活動也可以立即覺察。這使得非常單純、簡單的日常，變得非常豐富。

當我們從社會化中的「角色我」，轉進為「有我」的狀態時，就是這一串對感官、認知、感覺、意圖與行動的反覆確認。此時，每一個念頭都是寶藏，也都是屬於個人的。念頭起伏，情緒、情感也隨之而起。經過自己一再確認，我們才會發現，噢，原來我就是這樣！噢，原來我的霸道裡面其實有很多的堅持，只是別人不知道，這表示我待人可能還不夠誠懇，所以別人看不見、領會不到。於是我們會想：那我該怎麼調整？怎麼樣讓別人可以懂我？

這個時候，我們就進入轉化的歷程了。

於是，當四川店家再端出「不辣」的菜，而自己卻被辣得眼淚都要掉下來時，我們會知道，這是因為四川人不容易瞭解台灣人的「不辣」是怎麼一回事，因此不再為滿桌的「不辣」生氣了。這樣的一念之別，讓人得以端了一碗水，有些菜涮過之後再吃，也讓我們在行動上、在與人的互動上，多了一分理解與接納。

從「角色我」到「有我」的歷程，很像做年糕的過程。

做年糕前，我們要先把糯米粉、糖等原料放在一起，然後一邊加水、一邊攪拌。漸漸地，原料原來的樣子不見了，只剩下一坨稠稠黏黏的糊狀物。把糊狀物放到容器裡面去蒸，年糕就成型了。

轉化的歷程是把原有的、自以為的那些角色我，也就是透過別人的眼光回應所建構起來的那個我，予以碾碎，然後重新看到了一個「我」；那個「我」裡面有過去的我，也有重新認識的、新的我——一個很具體的我，一個知道自己是怎麼回事的我。

當然，這個過程當中，如果以修行的角度來看，每個人對於做年糕的材料都有自己的標準，例如：要不要放紅豆？要放什麼樣的紅豆？糯米和紅豆要不要先挑過？糯米的來源要不要講究？要用黑糖還是砂糖？這其中的差別就在於我們如何去蕪存菁，留下來好料，形成一口好吃的年糕；裡面有傳統年糕的元素，也有自己的新元素。而這個過程有自己對於各種材料的認知，也有對方法的掌握，才能做出選擇，雖然結果不一定會是好吃或出色的年糕，但過程是在清楚明白的情況下，亦步亦趨地探索出來的。

有個學生在寫自我敘事時卡關了。因為一直以來，無論是對自己的喜好、厭惡、選擇、優缺點，她都認為自己很清楚，周遭的人也都認為她是個瞭解自己的人。她不覺得透過敘事可以寫出與過往不同的生命故事。但是，為了讓敘事可以繼續，她參加了戲劇覺察課程。

有一天，戲劇覺察課的老師讓大家輪流隨著音樂用身體寫數字。其中一位夥伴在活動過程中慢慢放開僵硬的肢體，甚至有些時候像是把身體拋出去了一般。看著夥伴的舞姿，學生突然明白，一直以來為了做一個被看得起、有能力、被稱讚的人，自己是如何的壓抑心底的感受，使得身體與心分離，並進一步讓心與大腦形成對立。她覺得自己的腦、心和身體都好可憐，被囚禁了二十多年，各自孤伶伶二十多年。她的眼眶溼了。於是，她在心裡說：「我的腦、心、身體，辛苦你們了、難為你們了、委屈你們了。」突然，淚如雨下，不可遏抑，她感受到她的腦在說：「我這麼認真工作才讓妳活出一個框架，難道有錯嗎？」她的心很大聲哭著說：「這麼多年來，妳都不管我的感受！」她的身體在說：「我才最委屈好嗎？我被腦和心拉扯，承受了所有的一切！」

那一天，她才看見了自己原來是各個角色我的組裝，而在滿足各個角色我的同時，自己的感官也都各自撐著，承受拉扯的張力。此時此刻，她們終於開始相互認識，開始統整了。那一天，她開始接受每個人都有各自生命流裡的位置，並不是每個人都「應該」怎麼做、怎麼想。

從「角色我」到「有我」的過程，是一層一層脫落、一層一層累積的結果，也是一個非常繁複的過程，此前已有許多心理學家關注這個過程，例如：榮格（C. G. Jung, 1875-1961）以「個體化」（individuation）描述人的發展歷程，成功的個體化，意味人會逐漸卸下為了適應社會而戴上的種種人格面具，與內在真實的力量對話，漸漸邁向終極的、真正屬於自己的自己——自性（the Self）。薩提爾鼓勵人們探索自己的冰山，認識自己的感受和需要，並將自己內在的所思所感如實、誠懇、溫和地表達於外在，達到內外一致，以提高自尊和建立更健康的行為和心理狀態。鮑溫則認為，人應該要發展獨立的自我，也就是有能力在關係中拿捏適當的情緒界限，能區別「自己的感覺、想法」與「他人的感覺、想法」是不一樣的，並給予彼此足夠的心理空間，以維持舒服自在的互動狀態。而引領我進入禪修、學習佛法的聖嚴師父也提出修行的「自我四層次」，認為「不由別人來肯定自己的成功或光榮、評斷自己的失敗或恥辱，而是從自己的內心觀照起，如此才能確實認識自我」[2]。所以在這個層次上，心理學的角度也好，或者是佛法修行的角度也好，其實是一致的。誠如《心經》所言的「照見五蘊皆空」，即便五蘊未空，但是已開始「照」、「見」了，只是程度和功能有所差異。

---

1 《法鼓全集》（二〇二〇紀念版），〇五—〇九，聖嚴法師教觀音法門，https://ddc.shengyen.org/?doc=05-09-001&tree_id=j1_2110

2 《法鼓全集》（二〇二〇紀念版），〇八—〇八，《找回自己》有什麼值得自誇的呢？，https://ddc.shengyen.org/?doc=08-08-037&tree_id=j1_4206

練習

試試看，找出自己的行為模式圖。

色 → 想 → 受 → 識 → 行

5 認識自我

因陀羅網中的角色映照

前一節，我們籠統地說明了一個人在建構自己的過程中會受到自己的生理條件、心理條件與所處時空的社會、文化等的影響。事實上，每個人的成長歷程，後面都背負著重重先天條件、家庭經驗、學習經驗、社會文化經驗，彼此交互影響。

我曾經指導一位文筆很好、能力也不錯的女性學生寫敘事論文。很奇怪的是，一段時間了，不管怎麼改，她的文章總還是飄來飄去，怎麼樣都碰不到核心。後來，她才跟我坦白，原來，她背負著一個家庭祕密——她意外發現自己的哥哥是個同志，並答應哥哥要保守這個祕密。

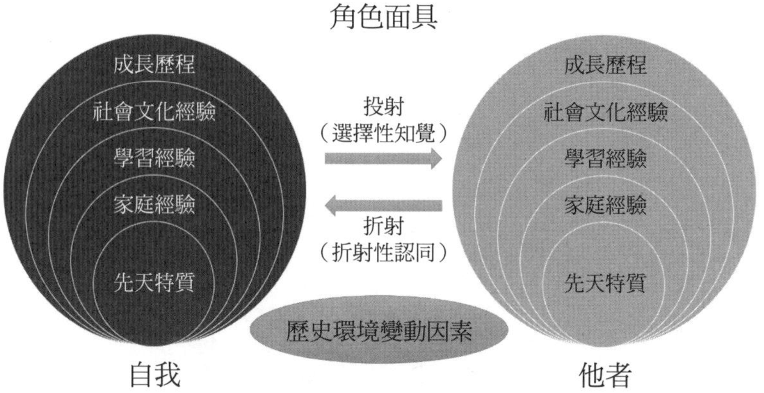

圖 5-1　自我與他者的投射與折射

一直以來，她認為哥哥遊手好閒，雖然不至於敗家，但是接收了家裡所有的資源，整天往外跑，不顧家庭。但是從小到大，她的學習經驗、整個社會文化卻告訴她，男性是一家之主，男性要做一個顧家的人。她把這些認知投射到哥哥身上之後，她告訴自己，一定要做一個把家裡照顧好的孩子。在這個過程中，她的確表現優秀，成為父母、弟妹所依賴的人。哥哥看到妹妹這麼優秀，成為家人依靠，也繼承了家中事業，就更放心地遠赴海外。既可保障祕密不會曝光，也擺脫了長子的責任。

如果我們回想那個對同志汙名化的時代，就可以理解哥哥為了服膺社會對一個男性結婚、生養孩子、扛起家族責任的要求期待，他只能壓抑自己的性取向，戴起面具假裝自己是

「正常」的，於是拉遠了與家人的距離，來因應自己的面具與真實之間的拉扯。這是這位哥哥在自己的性別角色認同和家庭的角色期待之間的拉扯，因此遠走他鄉成為他的出路。

隨著台灣社會對多元性別的開放，大眾對同志越來越友善。書寫過程中，這位同學對哥哥的怨懟也慢慢的有了鬆動。她覺得哥哥雖然遠走他鄉，但也沒有敗家呀。保守祕密的壓力開始釋放，對自己的處境也漸漸釋懷，更明白了自己身為女兒的委屈是因為想維護全家的安穩和父母的期待。祕密仍然是祕密，但是她在角色之間的糾纏成了心甘情願。

這是社會變遷的因緣之下，這位女性的覺知在和哥哥、家庭的互動與成長之中交互映照影響，進而淡化、放下心中的怨，有了更多為他人著想的動力所帶來的結果。

我們都如這位女性一般，整天帶著各種角色面具在過日子，並且從中選擇自己認為的覺知，並據此回應別人。我們有多少角色，就有多少的層層疊疊，於是，一張人間的因陀羅網就形成了。

在因陀羅網中，我們與他者互相映照，也一起受制於角色的規範、秩序和標準，於是我們費盡心機、使盡所有力氣去尋找自己與自己、自己與他者、自己與環境的平

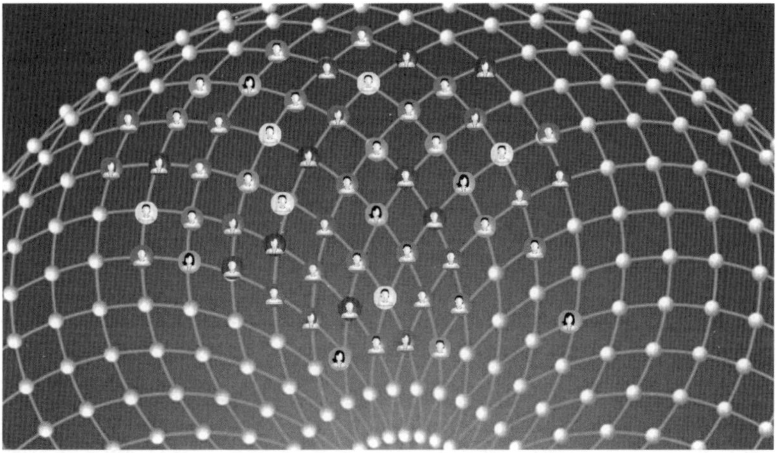

圖 5-2　人間的因陀羅網

衡點，並試圖在這個平衡點上擺平自己，也擺平外在對我的期待。有些人服膺主流社會價值，以努力向上來擺平自己——賺更多的錢、讀更多的書、累積更多的名聲……——朝向成功人士的標準，一階又一階地循著社會角色的結構往上爬；有些人則忙著扶貧、忙著助人、忙著讓他人安穩……，試圖透過讓他人變好來映照自己，如此維持並營造自己是「夠好的人」的自我認同。每一個人在因陀羅網之間的相互映照的途徑都不一樣。

但是，逃不掉種種角色，就代表摘不下角色面具嗎？我想，如果我們可以弄懂自己是如何戴上這些角色面具，弄明白自己如何被角色的選擇性知覺所擺弄，如何以投射性認同來「安身立命」，那麼，我們就能有一分通透，甚至有機會做出不一樣的選擇。

所謂的琢磨自己的寶珠，也就是透過角色來明白各種面具其來有自。這個弄明白的過程，是一個往內觀看自己的過程——問題意識不是「我是誰？」而是「**我怎麼是這樣的一個人？**」的自我認識過程。

從角色認識自我的七階段

當我們以因陀羅網上的寶珠來看待角色和自我時，我們看到一顆顆寶珠上呈現著無數寶珠相互映照的樣子；但作為試圖擦亮寶珠的我們，要如何從一顆石頭去還原寶珠的本來面目呢？我認為這中間需經過七個階段。

第一階段

當我們好似一顆種子落在土地上，落在特定的社會脈絡、家庭脈絡、學校脈絡，甚至社區、社群的脈絡裡面，此時角色自然而然出現，那些來自他人的期待，有的時

圖 5-3-1　角色與我①：人受制於角色的框架與位置、脈絡，是「不知我」的狀態。（一個圓圈代表一個角色）

候是被別人教導的，有的時候是透過察言觀色學會的。如前文所提到，那其實是一個被連串制約的過程。可是，這些制約當中的某些部分，其實是我們非常心甘情願的。為什麼？因為我們必須要與整個環境之間取得和諧性，只要外在的期待與我們內心沒有太大落差，我們都會自然而然、不知不覺，或有某一種程度地自動坐到那個角色位置上，好符合整個脈絡系統對我們的期待。

這是每一個人在成長歷程當中都會經歷到的，所差者是，有些人的處境脈絡會有一些特殊性或獨特性。例如：有些人在家排行老二，可是因為老大的失功能，他就必須坐到老大的位置，以維持家庭系統的平衡。另一個明顯的例子是，在傳統華人文化裡，年邁的父母大多由兒子、媳婦奉養；女兒嫁出去了，隨夫家姓，就變成夫家的人，要奉養公公婆婆。但隨著社會改變，現在很多年老父母都是由女兒承擔主要照顧者的工作，不管女兒是否出嫁、是否有公婆。

無論如何，人從出生以後，就被位置與脈絡局限住了。這是第一階段的要義。

第二階段

隨著年齡漸漸增加，我們與外界的接觸越來越多，心中可能會萌生一些疑惑，使得個人與社會、文化脈絡的期待之間出現落差，也就是我們在第一章提到的「縫隙」。來自角色跟角色之間的混淆、重疊、碰撞，甚至疏離，使得我們重新回過頭檢視現在所站的這個位置，而慢慢有了一些自己對自己的看法，或者自己對這個世界的看法。

例如：我作為一個家裡的好女兒，我就會想辦法要保有這個好女兒的角色，於是，當我進到學校裡面去的時候，我也想要做一個好學生。可是，偏偏我的成績不好，於是，我就需要很費勁的在好女兒跟好學生兩個角色之間取得平衡，一方面我得擺平自己，讓自己好過，另一方面我還要擺平別人，才能對父母、老師、甚至同學有所交代。

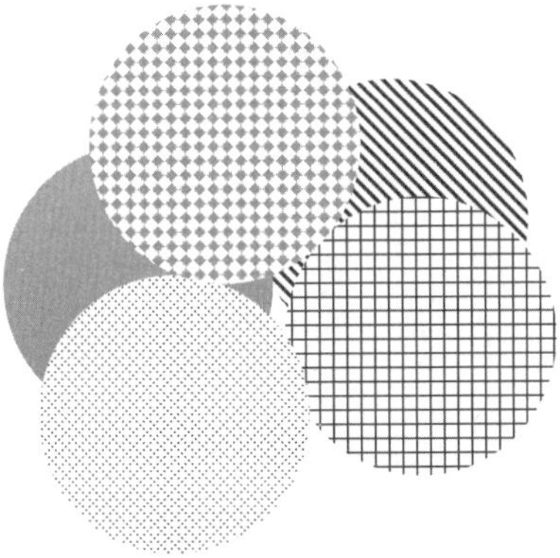

圖 5-3-2　角色與我②：在角色的重疊、混淆、碰撞、疏離間，個體從關係中認識「鏡中自我」。

不管怎麼樣，角色跟角色之間的互動，可能是一個一個重疊的，也可能是一個一個散開，也可能全部攪在一起，還有可能有些時候某一個角色飛走了、跑到一邊去……，都有可能。每個人身上絕對不只有五種角色，圖上的圓圈有五個，只是想說明角色的眾多。角色與角色之間的關係也會在不同時空歷經不同的變動，大家可以根據自身的情況想像個人的角色圖。

各個角色彼此之間，有的時候重疊，有的時候連結，有的時候斷裂，有的時候疏離，甚至有的時候衝突，個體就在這些互動過程當中，從關係——對方的眼睛、對方對待我們的方式裡頭，開始漸漸意識到自己是一個什麼樣的人，這時，人開始認識到「鏡中自我」。

第三階段

在這個過程當中，每一個碰撞的過程，都會有一些訊息透過鏡子傳遞進我們的腦子裡頭，然後我們開始給自己命名：我是一個漂亮的女生；我是一個好學生；我是一個老師會信任我的小老師；我是一個在同學眼中人緣還不錯的同學……。這些意象在每一天的生活、每一面鏡子裡不停累積。可是，有的時候會有疑問出現：為什麼他會跟我講這個話？是因為我不夠好嗎？

這些疑問出來的時候，縫隙更大了，關於「我」的思考也更深入了：我除了漂亮，還有什麼？我喜歡做個好學生嗎？我的好人緣是奠基在同學喜歡我，還是他們都把我當便利貼……。我們就在角色的碰撞、重疊、分離之間，慢慢開始去反覆檢視自己是什麼樣的人。可是那些認識都是點狀的、各自分散的、不成形的，例如：喔！原來我沒有安全感；喔！我是那麼在意別人怎麼看我；喔！我怎麼和家人這麼疏離……。

一些心理成長活動經常會讓學員畫自我畫像，然後說說為什麼這樣畫自己。我記得有一位同道，他在講述自己為什麼這麼畫的時候，說著說著突然喊道：「等等，

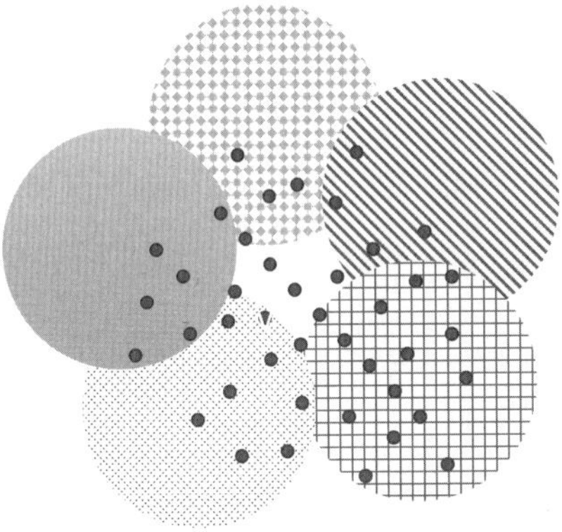

圖 5-3-3　角色與我③：在角色的重疊、碰撞、分離間，個體開始對自己有了零碎的認識。

等等，我覺得這個已經不是我了，這個已經不是我了！我應該可以再畫出不一樣的我！」大家聽他這麼一喊，都笑了，但也都理解，他是在敘說的過程中改變了。

人會變，是一個很自然的現象。事實上我們每天都在變動，只是我們有沒有留心自己的改變而已。如果我們可以持續地認識自己，就能點點滴滴地、慢慢地、漸漸地看見自己是一個什麼樣的人，以及自己如何成為今天這個樣子。那是一個由對自己茫然無所知到隱隱約約有個自我圖像的過程。

第四階段

到目前為止，要提醒大家的是，所有圓圈所代表的角色位置都還是浮動的，即使有些角色位置看起來已經固定了，仍是階段性、暫時的固定而已。

舉個例子：作為女兒跟作為媳婦這兩個角色之間，通常來說，媳婦總有許多的苦處、委屈，可是女兒則可以撒嬌、耍賴，甚至張牙舞爪的。我們可以想見，張牙舞爪的女兒變成那個受苦受難的媳婦時，必然面臨很大的衝擊，她得使出渾身解數衝撞、退讓、妥協……。這是一個不停的形塑（shaping）自己的過程。等她自己在媳婦這個角色上過了千山萬水，可能是把婆婆擺平了，可能是與婆家拉出安全距離等等，她終於找到了平衡，認知到自己好像可以勝任媳婦的角色，覺得輕鬆一點了，價值感也變好了。這時媳婦角色與女兒角色達成某種和諧的重疊。

這時候，她的自我認知可能會是「我其實是一個不錯的人」、「我其實是一個有能力的人」、「我其實是一個可以被人家稱為還不錯的媳婦的人」……。當這些認知跟其他角色的成功經驗慢慢串起來，便形成了一個她對待自己的看法：我是一個勝任愉快的成功女性。這是那個小小的自我建構起的、自己對待自己的看法。

人對自我的認識是在建構的過程當中慢慢長大的，一邊長，一邊建構、調整。可是，無論如何，人永遠都擺脫不掉身邊的鏡子，永遠都在情境當中——所有的情境，即便是魯濱遜漂流到孤島上，自己一個人過日子，自然環境也是他的鏡子！人的生命是擺脫不掉環境、擺脫不掉環境中的他人、擺脫不掉角色的。

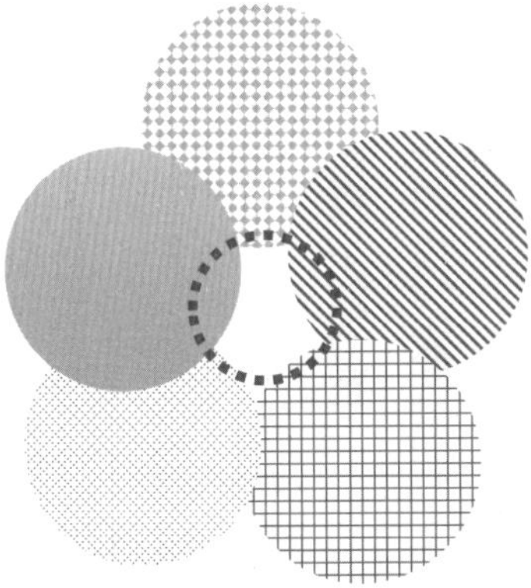

圖 5-3-4　角色與我④：累積零碎的自我認識點滴，小小的自我慢慢出現。

在人回頭認識自己的過程中，無論是從哪一階段進入哪一個階段，最重要的工夫就是內觀、反觀自己：我怎麼了？我是誰？我怎麼變成現在這個樣子？這樣子的反思性疑問，會促使我們去建構自我，去發現那些點（零碎的自我認識），也開始慢慢想要把點串接起來，建構出一個好像是「我」的一樣東西。

即使這個小小的自我形成了，仍然與各個角色之間持續不停互動。這個時候會出現一個現象，就是那個小小的自我開始有種觀察的能力：觀察自己、觀察自己與他人的關係、觀察所處的環境（包含環境中的人、情境）。當人在情境中以這樣子的角度在互動的時候，就真的進入相互映照的過程。雖然在這之前，相互映照早就發生了，可是那個映照的自己是沒有主體性的。直到一個人開始具備觀察自己、觀察關係、觀察情境的能力的時候，個人與環境之間才開始慢慢地平等起來，不再單方面的接受外在情境，而是開始可以在情境中的訊息與自我之間有所交涉，也就是說有些訊息來了，我可以不買單，或是我也可以先收下來、放在心上，再找機會深入端詳，以決定要不要買單。這其實是一個人自己帶著自我在向外探索，或者是向內探索的過程。

在此階段，人因為有了整理從外界進來的訊息的主權，也有了主動往內去碰觸心裡頭感受需求的能力，在自我運作以及與環境交涉的過程當中，「我」越來越具象、越具體，越知道自己是一個什麼樣的人。也就是說，此時自我概念的主體性越來越好，越來越可以感覺到自己對於自我的掌控是比較舒服，這時即使面對很多不同的衝突、碰撞、挫敗，也會因為已經具備了與情境中的鏡子交涉的能力，而能漸漸走到下一個階段。

第五階段

相較於圖5-3-4，很明顯地，中間的圓圈不但線變成實線、加粗，而且也變大了。在這裡，我想強調的是，個體的主體性慢慢鮮明起來，是一個鮮明的自我。

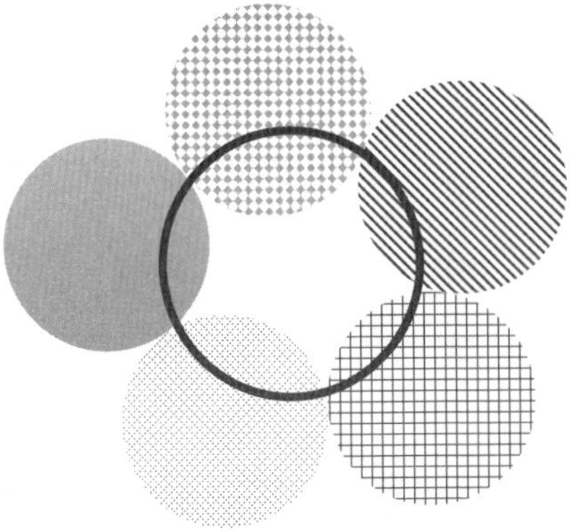

圖 5-3-5　角色與我⑤：自我有了鮮明的主體性。

擦亮寶珠的過程到此階段就不免提到禪修、修行了。原因是，這一路的過程中，最大的轉折在於個體開始可以回頭觀看自己，也往內觀察自己。而禪修或者是修行，就是要求我們自省；更白話的說，就是我看見自己到底是在幹嘛。

在前面的四個階段，角色分分合合、重疊碰撞，我們其實一路都在往外看，聽別人的聲音，即使進入到第三階段，零碎的自我認識開始出現，也與自己建立起管道：開始練習看自己、聽自己、感覺自己、思考自己到底怎麼回事，但是得到的訊息片片斷斷、零零碎碎，所以要持續往內觀照自己，才能讓第四階段的小小自我主體性慢慢建構起來。在這個過程中，不論是透過書寫、對話、討論，都還是在利用鏡子，在與鏡子之間的互動交涉過程中，自我感才逐漸產生，並且隨著時間的變化，越來越清楚，自我感越來越健壯、穩定。

很重要的一件事情是，當我們開始回頭觀看自己所有角色的位置時，我們也在建立或重新建立角色界線。我們再以媳婦的角色來舉例，傳統上很多女性結婚之後，期待婆婆會善待自己如女兒，也期待自己與婆婆之間能如與自己親生母親般互動。而所謂的建立或重新建立角色界線，就是搞清楚親生的就是親生的，不是親生就不是親生的！許多人在這個界線上常常混淆不清，以至於出現婆媳關係的危機；而兒子、丈夫也因為模糊了角色界線，所以對兩方都束手無策。

角色的界線其實無所不在，可是又非常的隱微。如果不反觀自己，那些隱微在後面操弄的規則就無法被察覺到。而這些操弄的規則可能是社會期待，也可能是自己過往經驗所帶出來的投射，於是這些規則之間形成了矛盾，讓關係形成張力。

我們不單要清楚地去看見角色之間的界線，在看見的同時，也要回頭看看自己如何在角色界線裡，因為糾纏、疏離而造成自己、對方，還有別人的壓力。當一個人開始可以看見這些的時候，原本猶如零散小點的自我感也就漸漸串連起來，建構起具主體性的自我。在這個過程中，如果人的心理狀態安定、平靜，就能夠看得更深、看得更多，爾後建構起自我主體性的機率就會越高。

在前面的階段裡，主體性不穩固，甚至還沒有建立起來，又得要不斷向外，利用鏡子來對照自己，這個過程會讓人的心情浮動，無所依靠。禪修的方法可以幫助心安定下來。心安定了，對於往內觀看自己，會有相輔相成的作用，於是人的主體性就可以慢慢穩固下來。當觀照自己和反思探索，是在心比較安定的基礎下進行，所有的心緒與思維都可以比較清明，因為安定的心給予煩惱騰出更多空間，使之比較容易沉澱。

另外，一個人如果在禪修的方法上能夠得力，因而擁有一些禪修的體驗，他與原來糾纏的世界便慢慢拉開了距離。有了距離，就彷彿是跳上高台去看，不但看得更透徹，還會有「啊！原來是我自己庸人自擾」的體悟，而不需要多費周折在角色的碰撞裡掙扎。

在第五階段，個體的每一個角色都帶著穩定的我，那是一種自我肯定帶來對自己的信心，而那個肯定的我會讓人在角色扮演上更有分際、更能掌握應對進退。這是一個與自己、與他人都比較和諧的狀態。

但是，這並不表示挑戰不會再出現，而是人可以有一個更有信心的自我去面對挑戰，角色任務的成功與失敗了都能不驕不餒，安之若素，情緒糾葛也比較容易鬆綁。

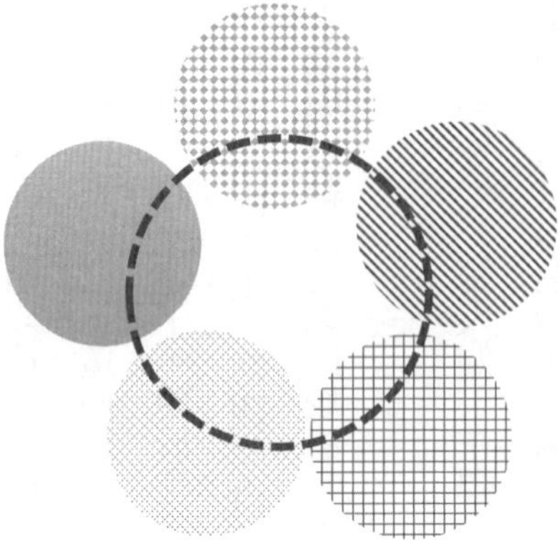

圖 5-3-6　角色與我⑥：對於角色界線有穿透性。

因為自我的穩定會讓心安定，時時與自我核對，就明白心之所向。這是不斷修心的結果，不是一蹴可幾的。所以，這也是為什麼眼下新婚夫妻都會和長輩們分開居住，這讓新的角色界線能有一段時空去建立，稍微確認穩定後，再考慮進一步融合。

第六階段

第五階段與第六階段最大的差別就在於穿透性。

意思是，個體擁有界線，可是又可以穿透界線。因為界線有了彈性，於是自我跟角色之間可以逐漸平順地融合，知道自己在幹什麼，對於榮辱、得失等情緒的糾葛越來越少。這時，個人的主體性益發鮮明，帶著穩定的自我，有所為，有所不為；在知進退之間，對於活著的意義有自己的看法，同

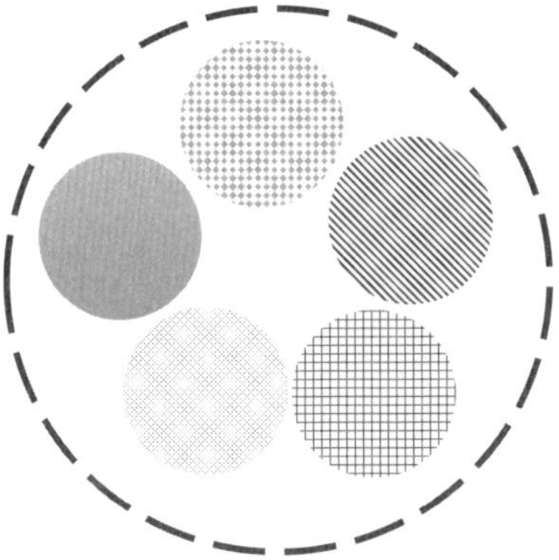

圖 5-3-7　角色與我⑦：以大我狀態面對世界，與角色無別。

時也帶著對角色脈絡更深刻、更寬廣的體悟，自在地穿梭在各個角色之間。因此，因為界線的穿透，我們眼中開始真正看見他人、聽見他人，對環境和他者的生存實況，漸漸會有深刻的理解和共情，進而想做出些貢獻。此時，摩尼寶珠的光彩漸現，這是佛門所謂的慈悲與智慧，在自我肯定的基礎上不斷地成長自我，漸漸地琢磨出光芒來。

第七階段

第七階段的自我看起來好像一個大我，雖然是以虛線表示，可是那個大我裡面已經囊括了所有角色。也就是說，以大我的狀態在面對這個世界的時候，角色與當事人這個個體之間沒有什麼太大的差別，可是，個體不會在角色中失去自己，也不會失去面對他人與情境的能力。那是一個**願意**為了大眾而活的狀態。因為願意為大家而活，自我疆界變得越來越薄弱卻歷歷分明。從外面看，這些角色的功能不會消失；角色與自我已經充分融合而又各自清晰獨立地共存著。不但知所分際，更為他者與環境著想，優先考量眾人福祉。

這七個歷程，是基於我自己禪修歷練，再加上和身邊周圍人相處的觀察所得。其中，禪修中的各種練習讓我發現角色的進出之間，人為的形塑和自我掌控，為自己建構了許多包袱，當自我越來越清晰明白時，我們有了自我選擇的空間，人生的「自在」才有可能，也才能真正地做「自己的主人」。

簡單講，就是我們從角色當中來修行、修練，隨著自己對角色的認識越來越透澈，輔以禪修的觀照工夫，我們便開展了一個和自己對話、融合的過程，並從中建構起自我的主體性，然後慢慢地，再跟角色之間開始融合，同時自我的疆界也會越來越擴大。最後，雖然人還是活在角色當中，可是因為自我的疆界具有穿透性，也淡看角色之苦，而帶著心甘情願的態度，懷抱著生命的意義性，邁向老死。

這是一個由不知道自己是誰的情況，藉由角色，與角色形塑歷程中的苦，由知苦、面對苦，漸漸修通「知我」、「有我」的旅程。這也是理想中一個修行人所需要經過的歷程，雖然並未「無我」，但是其中的體驗，已有淺嚐慈悲與智慧的況味。

親密關係的發展階段

除了親子關係之外，親密關係是所有角色關係中最不容易互相看見，卻又是訊息量最大的關係。本節就親密關係的理論，來釐清關係如何可以成為修行的道路之一。

讓我們再回到因陀羅網。寶珠之間的相互輝映除了讓我們從別人的言行舉止看到自己，不可或忘的是，我們所看見的他人也往往不是這個人真正的樣子，而是我們心像的投射。因此，當我們運用「鏡中自我」的鏡映功能認識自我時，我們也需要參照自己與對方關係所處位置的「重重影現」。這重重影現展示出角色之間的掌控與角力，背後無所不在地牽動角色之間的心理需求、關係位置和行為模式。

浪漫期：只看見心中的你

曾經有位非常資深的心理治療師跟我分享，她愛上了教她開車的教練。我問她：「教練有什麼吸引妳的地方？」她說：「老師，妳不知道，他在教我的時候，那個專注的樣子，真的好帥啊！」我一聽就笑了，反問她：「到底是他真的帥，還是妳心裡

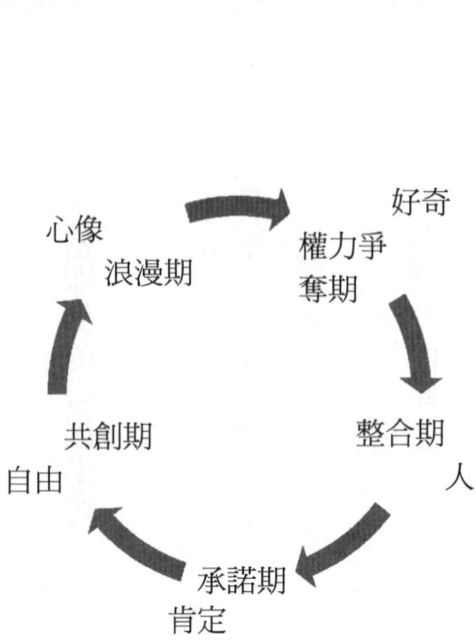

圖 5-4　親密關係發展階段循環圖

頭覺得他帥？」

其實就是這麼簡單的一個問題。當我們看到一個喜歡或討厭的人，是這個人真的讓我們喜歡或討厭，還是我們心裡頭本來就喜歡或討厭這樣的人？

在人跟人親密關係的浪漫期，眼見皆美，那是因為個人的心像投射到了對方的身上了。然後，想盡辦法符合對方的期待，努力對號入座，就想著如何有個穩定的位置，可以被看見、被喜歡，讓這分關係「算數」。

什麼樣的人會吸引我們，什麼樣的人不會吸引我們，是隨著我們從小到大被置入性行銷——童話故事、理想伴侶或父母的模樣……，而漸漸形成的。對於心目中的那個心像、那個理想的形態，其實是我們生命當中非常重大的夢想跟希望。每個人都希望找到一個伴侶，希望找到一個愛你，你也愛他的人，從此以後過著王子公主般的幸福生活。

所以，事實上，我們看上的是自己心中理想的人，並不是這個人真的是這個樣子的。而我們喜歡的人是不是就是我們喜歡的樣子，不一定。這就是許多男女結婚以後會抱怨「他／她以前都不是這個樣子！」的原因。這時候的自我就是在前述階段一的狀態，即便偶爾出現縫隙，但是仍然十分執著於自己的理想狀態。

過去在教書時，偶爾會給學生一個課題：情人節到了，可是，情人分身乏術，所以另外派了一個複製人來跟你約會。你同意嗎？

就像我那位老朋友後來繼續跟我分享的：「教練那樣專注的時候，很棒，可是只要下課了，我就知道我的幻想要破滅了。」我們愛上的是我們的心像，即使心裡清楚，也逃不掉，因為這心像是各種因緣條件共同建構起來的，但是不容易分析出所以然，所以常說這是「緣分」。

權力爭奪期：面對真實

在浪漫期的時候，我們花盡心思想辦法去瞭解對方、配合對方，對方也同樣賣力配合我們，然後，我們都會認為自己看清楚了，覺得這個人就是合適的伴侶，雖然雙方都有一些委屈，可是大致講起來還不錯。等到兩個人真正開始一起過日子的時候，雖然目標一致，可是，意見不同的時候，到底誰聽誰的？誰對誰錯、誰是誰非、誰多一點或少一點？這就是進入權力爭奪期了。尤其是有了婚姻制度的制約，許多不同的角色上身，關係益形複雜。

在權力爭奪期，隨著心像漸漸破滅，我們開始漸漸接觸對方真實的樣子。這個時候，如果可以理解到對方是個獨立的個體，是個跟我不一樣的人，且願意重新開始練習認識對方、好奇對方的種種反應，想辦法瞭解對方、接納對方，就有可能走入下一個階段。相反地，如果我們只是想要證明自己，期待對方變成我們想要的樣子，兩個人的關係就會開始破裂。冷漠、疏離，以為只要降低期待甚至不要期待就不會受傷，於是漸行漸遠，徒留角色的空殼子。

很多男女剛結婚後，吵吵鬧鬧，但隨著第一個孩子出世，兩個人的爭吵消失了。這是因為家庭裡多了一個共同的敵人，兩個人必得先互助合作，把眼前這個小孩搞定。這時候，兩人看似脫離權力爭奪期，實際上並沒有完成對伴侶的重新認識。於是，等到空巢期來臨，兩個人又開始大眼瞪小眼，因為原來在權力爭奪期裡面的課題，雖然經過了幾十年的歲月，但本質上若沒有變化，戰爭就會再次啟動，使得空巢期成為婚姻中離婚的第二個高峰。

這個階段正是上述角色與我的第二、三階段。如果這個過程能逐漸在角色中反思自我，拾起各種差異中的實相，以對方為鏡，進而調整對自己和對方的認知，這時，各自的對自己的認識已經漸趨穩定，並且也能肯定自己的存在價值，到了這樣的狀態，就有很大的機會步入第四階段。

整合期：眼中有我，所以看見你

整合期的特色就是，終於體認到每個人都是獨立的個體，具有各自的獨特性，兩個人的關係漸漸趨於平穩，不再有那麼多的我對你錯，可能更多一些的是接納、包容、理解。

很多人到了整合期的階段才會開始從生命的角度去尋找、思考「我是誰？」「我是一個什麼樣的人？」「我是怎麼長成現在這個樣子？」，而且人通常是開始看見自己是怎麼樣長成現在的樣子時，才能開始真正的看見別人是一個什麼樣的人；意識到自己是一個獨立自主的個體，對方跟我是不一樣的，然後開始想辦法去理解、包容、接納對方。也就是說，當一個人開始認識自己的時候，才會真正看見對方，否則，我們看見的他者都只是心像的投射，都不是真正的你或他，而是自己心目中想要看見的，所以一直都在想盡辦法去改變別人。

整合期的關係中，有認識自我之後的自我成長，進而讓自我的主體性漸漸鮮明，伴侶互相鏡映，這是很理想的階段五中的我。

我記得我以前那些年輕的學生要交男女朋友或考慮要不要結婚的時候，他們會來問我如何去確定對方就是 Mr. Right ／ Mrs. Right（對的人）。我總在他們絮絮叨叨之後，回答他們：你就找一個 educatable（可被教育）的人吧，這樣，你才有機會去改變他／她。多年後，有一個學生跑來跟我說她離婚了。她說：「因為我終於發現他不是 educatable，而且，其實從頭到尾我都覺得我才是那個 educatable 的人。我終於認清了，所以我不想要再繼續下去了。」

能由不知己、不知彼的關係角力中逐漸走向我眼中有你，你眼中有我的整合期，是很難能可貴的。這其中，有個人的成長，有對他人的接納，可在關係中完成自我的主體性，所以互相成為修行的資糧。只是，這種關係的發展過程是得歷經千山萬水的起伏的，大多數人無法通過，只好在修行上做個「自了漢」，或是走進了「活死人」

的關係當中。

承諾期：感謝一路有你

承諾的英文是commitment，除了是保證會實現諾言外，也有忠誠、投入、奉獻的意思在其中。要給出承諾，其實牽涉到每一個人的自我肯定。這個自我肯定包含了自己過去為這段關係所付出的努力、自己的自我認同，同時，也肯定對方在兩人關係裡面的付出，認同雙方共同經歷的風雨、挫折、困難以及美好。在這個過程中，感恩之情會自然升起，感恩對方願意跟你一起走過這樣的一條路。

共創期：追尋生命意義

在共創期裡，親密關係是被充分接納、承認、肯定的，同時，理解到伴侶就是陪伴我們走過整個生命歷程的人，不論對方在或不在。

兩個人一起走過了承諾期，因為生命有限，所以允許、支持自己／對方去追尋各自的意義，因此，共創期有一個很重要的元素，就是關係不妨礙個人發展成長的自由，又可以一起在互相扶持中，提昇自我、創新自我。

有一對夫妻一起參加研究所的入學甄試。我先面試了先生。先生一坐下來就說：「是我太太叫我來讀書的。」語氣中有點賭氣的味道。後來他又說了自己如何準備入學甄試的資料，過程中又發生了些什麼事情，越講越開心。所以我就問他：「你現在對你太太叫你來讀書這件事情，覺得怎麼樣？」他的回答是：「很好啊，我也覺得我應該要讀書啊……」

後來，輪到太太面試時，她說：「對，一開始的確是我叫先生來念書的，可是，他自己也很願意。因為我們到了這個年紀，如果可以一起進研究所，既可以把自己的學歷補滿，又可以共同學習、討論。這是我們共同的願望。」

也就是說，夫妻之間或者是兩人關係之中雙方雖然會交互影響，可是他們的交互影響不會妨礙、局限了個人，而是共同去創造生命的意義，一起去圓滿生命中的缺憾。此時，兩個人都在關係中擴展了。

親密關係作為轉化之道

最後，共創期又回到了浪漫期。因為在共創期裡，兩個人共同擁有創造的自由，那又是一種新的浪漫——心裡頭出現的心像可能是兩個人一起去完成夢想，或者是夫唱婦隨、婦唱夫隨等，創造出新的浪漫。

這是個循環，也是為什麼親密關係能成為轉化之道。在關係之中，對方就是我們修行的對象，是我們的鏡子，也就是說在兩人的互動裡，我們看見自己的點點滴滴，從這些點滴裡，開啟了一條往內看自己的道路，而這旅程就是修行的開始，也是轉化的歷程。

從浪漫期到共創期，裡面就是從有條件的愛，慢慢走到無條件的愛。我們從中鍛練慈悲，開發出智慧。特別是在權力爭奪期的時候，個體要能夠自我慈悲——升起想要回頭看看自己到底發生了什麼事情，其實是非常困難的。

有的人認為自我慈悲是去喝下午茶、買東西犒賞自己、旅行等等，不能否認，這些都是對自己好的方式。可是我認為，最根本的自我慈悲是發現自己，對自己好奇，並有勇氣去探索自己。隨著對自己的明瞭越來越多，漸漸地，我們會目中有人——我們眼睛看出去的都是自己的投射、都是心像，所以我們原來其實是目中無人的。但是，如果我們能把因陀羅網裡的相互鏡映引以為自我修行、轉化的材料，兩個人從浪漫期的男女朋友，權力爭奪期的夫妻關係，整合期的兩個好朋友，到了承諾期的時候就有點知己的味道了。我們在這個世界上活著，有個相知相惜的朋友陪伴，還可以去開創一些有意義、有意思的事情，就是非常自由自在的人生了。

在這些不同的階段中，角色逐漸變化著：從角色慢慢看到自己，然後看到他人，在鏡映的過程中，想方設法與對方融合。即使進入了承諾期，權力爭奪依然存在，只是，此時面對爭執思考的是：為什麼我會這樣堅持？他的堅持又是什麼？從這些地方再找到可以探索下去的點。所以，不是到了整合期就沒事了，雙方依然還是會吵架，到了承諾期也還會吵架，只是吵得會越來越有深度，而不是在那些牙膏怎麼擠之類的事情上。

親密關係如是，人際關係也是同樣的狀況。人跟人之間會相合或者是不合，也是自己過去經驗的投射。如果能夠把這些事情真的拿來細細地自我分析，去看為什麼不和，為什麼一定要爭得你死我活，人就會慢慢的走上轉化的道路。

人為什麼要為悅己者容？——我們本來長這個樣子，為了要在他者面前呈現出最好的樣子，只好把自己裝成別的樣子，這都是因為自己的心像啊！所以在浪漫期或是在關係開端的時候，人其實沒有機會讓自己真正的看見自己的狀態，而且，那個假我（pseudo self）是一層一層疊加起來。他人這樣看我們，我們就以為自己是這個樣子——可是真的是這樣嗎？我們不會回頭來問自己這些事情，所以就活在一個自己認為自己是這樣子的自以為是的狀態下，近距離的親密關係很容易原形畢露，所以說，親近的關係，例如家人、夫妻是最好的日常修行道場。

練習

拿出自己於第一章練習寫的角色清單，試著寫下身處其中兩個角色時的所思所感，再將之綜合比較後，看看有什麼發現？

6

從認識自我到肯定自我

修行是自我轉化的歷程

我們帶著角色面具生活，透過釐清角色與自己的關係，從而建立起主體性。這是一種生活中的修行，但這樣的修行與禪修有什麼關係？或者說，禪修能對生活中的修行，提供什麼樣的幫助呢？

聖嚴師父曾說：「從禪的立場看人類所感受的苦痛與不幸，主因不在我們所處這個地球環境的惡劣，不在人類社會的可怕，乃在於未能認識自我的本性。」[1]又說：「禪修觀念是：認識自我、肯定自我、成長自我、消融自我。以『有』為入手方便，以『無』為禪修方向，以努力修行的過程為永久的目標。」[2]

關於禪修於生活中的修行，我最早的領會是在打完精英禪三以後。

當時雖然有了一些體驗，但是，禪修尚未進入我的生活中。第二年，我因為國科會的計劃赴美做研究，途經紐約時，我到東初禪寺探望聖嚴師父，師父送了我一尊白瓷立姿觀音。起先，我不願接受，因為在美期間我可能需要經常搬家，很擔心白瓷觀音在搬遷途中被我摔破。但師父好意，我又不好斷然拒絕，所以就先請教師父送我白瓷觀音的理由。

他說，因為我要離開台灣的時候，其他法師送了我香爐和香，所以他就送一尊觀音給我。

可是，當時的我沒有拜佛的習慣，點香可以幫助靜心，但我要觀音像做什麼呢？聖嚴師父很善巧地說：「那你就做一件事情就好了。你把觀音像擺在你很容易看得見的地方，然後念書念累了的時候，就看著這個像，好好的休息一下。」

因為聖嚴師父的關懷與勸導，我就抱著白瓷觀音住進學校宿舍了。

有一次對著白瓷觀音發呆時，我突然想起了大學時期常常在輔仁大學宿舍聖堂對著聖母像發呆或自言自語的經驗。當下我領悟到，大學時期我看著聖母像自問自答，跟我現在看著白瓷觀音凝視，原來是同樣一件事情。做這件事情可以讓我的心感到很平靜、很舒服！所以我也就養成了每天對著白瓷觀音發呆或自問自答的習慣，有的時候腦子裡思緒紛飛，有的時候什麼都沒有，就安安靜靜的，在凝視觀音像的過程中，如同經歷了一場舒緩身心的洗滌而精神飽滿。

在美國期間，我還有另外一個習慣，就是吃飽飯以後，一個人在校園裡面散步一小時到一個半小時，即使下雪也照走不誤。常常在漫步之後，會自動地想到觀音像前靜坐片刻。

後來和聖嚴師父討論修行體驗時，我才明白，修行不一定只能坐在蒲團上，而是如何在日常生活當中讓心經常保持安定又清醒的狀態。雖然練心的工夫是在生活當中一點一滴累積出來的，但蒲團上的用功則是一條讓人在專注又放鬆的縫隙發現自己的捷徑。把這樣的體驗延續到日常生活中，慢慢地，像卸妝似地，我們就可以把因為角色戴上的妝容一個一個擦掉，讓被角色面具遮蔽的自我逐漸顯露、穩固，進而提升。

這是一條從「不知我」（角色我）走向「有我」的修行歷程。在這個修行的歷程中，修行的對象是自己，修行的內容是認識自我、肯定自我、成長自我、消融自我。更具體來說，就是在生活當中，細細觀察自己的行為與慣性模式，追索行為模式的來源與價值觀，覺知並賦予詮釋，然後自我才得以被重新認識。此處需要特別留心之處

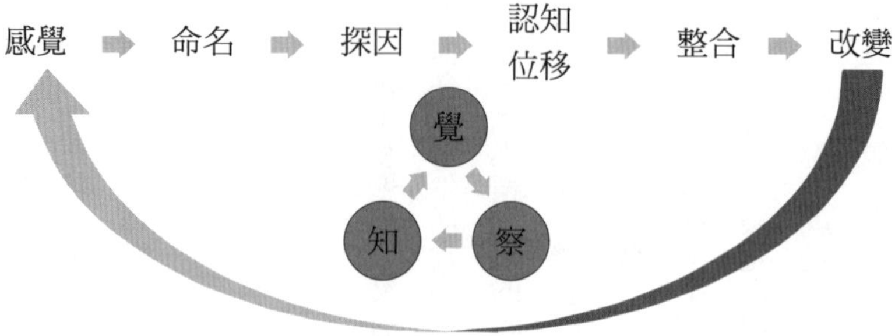

圖 6-1　在生活中踐行生命經驗的轉化，就是修行

是，「詮釋」不是從外部找理由、找藉口，而是向內去探尋自己對身處各種情境的解讀與評價，並感知自己在其中的感受，並且從中讓自己靠近所有覺知的源頭，這也是心理學者常說到的「內在空間」。

在這樣的過程中，需要我們在生活中很細緻地去覺、察、知。而蒲團上的工夫則可以讓我們的心思變慢、變細，於是，我們能夠更細緻、更微妙地觀照自己，包括那些原先忽略的、潛抑著的種種，也可能有機會被捕捉到。

我任教的法鼓文理學院位在山上，我記得我剛去教書的時候，每次回到台北市，下了車，就有一種我怎麼又回到這裡來了的錯覺。幾次後，我才明白，是我把台北市和山上的環境做了比較，之所以會有這個比較，是我被山上的環境影響了。因著這個影響的過程，讓我發現我貪愛著學校安靜的自然環境。

這個明白源自於我對自己長久居住環境的對照而突然知覺。

平常對車水馬龍司空見慣了，我對自己住在鬧區裡沒有覺知。可是自從我需要一個禮拜到學校所在的山上住兩、三天以後，我才聽見都市裡的「噪音」。我自己都覺得很意外，我住在台北市幾十年了，從來都不覺得有什麼不好，可是我怎麼到山上一段時間就開始嫌棄它了！而這些發現從哪裡來？從我的眼、耳、鼻、舌、身、意——眼睛看到的、耳朵聽到的，鼻子聞到的、舌頭嚐到的、身體感受到的，甚至我的呼吸全部都受到影響，於是，意識起了分別的作用。

因為這個發現，我知道我受到新環境的馴化——感官泡在山上的環境所對我產生的影響，於是我開始練習上山就是上山、下山就是下山；噪音與寧靜，不過是換個背景，心，可以不動。

我有意識的去改變我的認知．我住在山上的時候，有安靜的環境；我到了山下的時候，即便在車水馬龍裡，我還是住得很安穩。這是一個很簡單的自我練習。可是，在這樣的一個自我練習裡面，我看見我自己對模式的覺察，也看見了我感覺的傾向——喜歡或不喜歡，然後我也看見了自己在認知上對於住在車水馬龍裡的早期不知不覺，到重新調整到有知有覺，並且不落入揀擇分別而更習以為常。這個歷程並不表示我對「噪音」失去了敏感度，而是吵雜仍然依舊，但是心中沒有不喜歡，而是一切「如常」。

練習的當下是，我開始擴大覺知，我更細地去看、去聽：噢！原來以前我真的是住在車水馬龍裡面，只是那個時候我並沒有建構起我住在鬧區的覺知跟詮釋；我對於住在車水馬龍裡是不知不覺的狀態。可是，一旦到山上住，出現了一個比較的對象，我才意識到原來我是住在車水馬龍裡面。那麼，我該如何詮釋我的經驗呢？我會說，是因為山上環境的對照，讓我開始對我原來居住的環境有知有覺；接著，我練習在車水馬龍的世界時，不帶分別地融入，在山上寧靜的氛圍中，自然地沉浸其中，讓日日是好日。練心，真的是在日常。

我們在日常生活中，對於自己所處的任何情境，不管是有形的無形的，我們的覺知經常是不靈敏的，因為心是波動的。禪修能練就心的細緻、清澈、安定、平靜，如同無風無浪的湖面，會反映湖邊的景緻，讓倒影與實景一致。當我「發現」我對於過去所居住的環境的不知不覺時，其實我的認知就開始位移了：原來我這麼不敏感，原來我沒有專注平靜的心去發現，反而是因為有了比較之後，我才知道我有這樣的一個習慣。這個時候我就會自動地想去回應那個不知不覺，於是，心就開始進入鍛練的過程，期間，因為專注平靜的心會持續地在內在空間中映照內在的變化，因此，對自己的發現逐漸擴大，覺知也在增加。心地的逐漸敞開，讓心湖底層的沉積物也漸漸被看見，所以難免也有波濤洶湧的時候，此時，修行的法門有各種方法來保持心湖的平靜，並持續努力。這些掀起浪濤的原因，有些因沉澱而平靜，有些因平靜而透澈，不致再起不可控的浪。這是一連串覺知與認知不停地交涉的過程，直到逐漸塵埃落定。

這就是一個轉化的歷程。而所依靠的就是對心很細微的覺知。這也是為什麼我一直非常鼓勵禪修的原因，因為再也沒有任何的方法可以把心練到這麼細緻！但是，這個過程也是十分理想化的，因為禪修者走上這條路的歷程中，其中的起落、反覆，冷暖自知，誠如聖嚴師父所言：「禪的修行是非常艱苦的事，是主動接受苦的磨練，任何事都沒有修行來得苦。自古以來，修行就是為了離苦得樂，而禪修更以有系統的方法來幫助人們離苦得樂。」

禪修的自我四層次

當我們聚焦於角色，依靠社會環境的鏡映返身建構自我時，是在苦的認知下看待

「我」。通常直接的反應是想要把苦去之而後快——只要把「我」消滅了、放下了，我就不苦了。但事實上，若不知道「我」因何而苦，因陀羅網上寶珠的鏡映就讓「我苦」如生命中的幽靈，亦步亦趨地跟著我們。如果我們無法指認出鏡映中的「我」為何物，又該如何消滅呢？

「我」之所以會有苦感，在佛法中有三種說法，其一是因不能自主而不得不感受苦楚，如身體的老化；其二是因為無常更迭，變遷不異的過程而苦，如春宵苦短、物換星移、人會變老和死去；其三是離開甚深禪定的狀態，返回到一般日常，仍受紅塵所困的行苦，如一個人因為禪修進入了深定，感受到很安全、很快樂，可是出定之後煩惱照樣現前，無法持久維持心的清淨、安定。凡夫大約只對前二者的苦有感。

因此，在禪修過程中，隨著修行進程開展，原本潛抑的生活經驗、感受、困惑等，會三不五時地冒出頭來搗亂，不論是何種苦。例如：身心在角色負荷下的各種變異，如果不明所以，就不知道可以在哪個點上多用功、著力。所以，聖嚴師父提出四層次的自我觀——認識自我、肯定自我、成長自我、消融自我。藉由這四個階段的著力，人心得以淨化、提升，進而有一個較為安定合適的人生歷程。所以，這也是一個禪修與自我之間的交涉歷程。

前述有關在角色中如何開始「有我」（階段一至階段四），在禪修歷程中，聖嚴法師稱之為「認識自我」，而在建立有自知之明的自我信心時，才是「肯定自我」。肯定了自己的所作所為，對因果負起責任和義務，才會有自己與他人的關係中有自我的存在與價值。[3]而在建立這種活在當下的自信，其實就是「自我成長」的過程。這與前述的階段五、六，是有類似的內涵。

至於「消融自我」，聖嚴師父提供了「報恩」和「懺悔」兩種法門，容後再述。在人世間歷經苦感的自我，在禪修的歷程時，如何走過這四個階段的自我？

聖嚴師父對禪修歷程中心的狀態描述為散亂心、集中心、統一心、無心的進程。他在《禪與悟》一書中的自序寫到：「禪的思想是：空靈、豁達、開闊、明朗的人間清流。禪的生活是：積極、自在、簡樸、自適的安心方式。禪的理念是教人：首先學著放下自私、自欺、自怨、自慢、自我枷鎖，才能海闊天空地任運飛翔。禪的方法是教人：首先練習認識自我、肯定自我，然後粉碎自我，才是悟境的現前。禪的目的是教人：學著將現實世界的八熱地獄，轉變為清涼國土的七寶蓮池；試著把自害害人的身口意三業，轉化成自利利他的慈悲與智慧。」

禪修中四心的闡述就是練心的過程，從而提升生命品質、回歸實相。

禪修與心理學的交互為用

我有兩個學生經過禪修一段時間後，都感受到禪修帶來的心的安定力量，而能夠在面臨家人離世的巨大創傷時刻，平靜的陪伴其他家人，祝福往生者，有條理地處理後事。可是，在所有事情告一段落之後，他們開始混亂。一位是看到自己的脆弱卻走不出來，另一位是因為心底的空虛而領悟到角色的虛假，卻跨不過承認虛假的關卡及對生死的無能為力。他們因此陷在既肯定禪修的功能，又懷疑禪修到底能在生命的低谷發揮多少作用的兩難裡。

其實，不只是這兩位學生，許多人學習禪修都是為了處理生命困境，認為禪修能讓心平安，創傷就得到處理了。但是，事實上，禪修的工夫不到位時，其功能只能延後傷痛感，讓人如常地把事情處理好。對於生命中的重要破口、斷裂，如果不去正視它、處理它，那些生命經驗會像輪迴一樣，一次又一次地在禪坐過程中不斷地冒出來。

所有的重大傷痛都是有原因的。心理學可以幫助我們探索創傷為什麼如此沉重？

因為事件之所以能對個人造成巨大創傷，一定是勾連著許多因素，包括我們與對方的關係、兩人之間的愛恨情仇、過往的行為模式等等，心理學可以幫助我們深入理解箇中原由，讓傷痛有機會慢慢鬆開，得到更妥當的安置。

基本上，禪修練習所培養出來的心力，能讓心在這個過程中比較容易處於安穩寧靜的狀態，彷彿與重大的衝擊之間有個「閥」，可以帶來觀察和調節的功能。這是面對創傷時非常重要的基礎。因為那個心力是一股安定的力量，讓人有勇氣去直面傷痛，泡在痛裡面看清楚痛的來處。缺乏這樣的穩定心力，很多人會選擇轉身逃跑，於是那個痛就永遠在原地轉。淡忘，常是自以為是的結果。

美國心理學家舒斯壯（Everett L. Shostrom, 1921-1992）提出的心理模型是我們可以運用的工具。他認為，個體透過社會化歷程逐漸建構「我」的概念，而為了在社會生存，個體戴上了各種面具以操弄（manipulating）生存世界、操弄自己，才使得個體的生命得以維持——做一個正常人。這也意味著，作為一個弱勢的存在，人為了要繼續活在這個世界上，就必須服從生存世界的規則，也就是戴上眾人認同的面具，而這個「馴化」其實是人操控與世界的關係的方法。

許多人在中年危機、生命創傷陷落時刻，或者我們說的「縫隙」中，會發現戴著

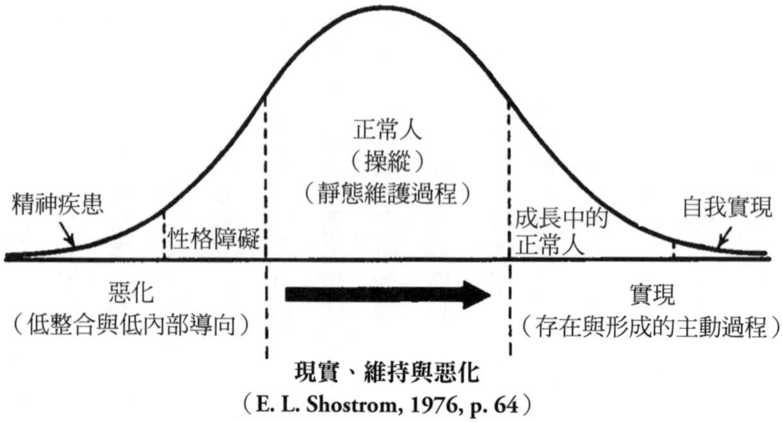

圖 6-2　舒斯壯的常態分配圖

面具的我不是我，而開展了逃離的旅程。有些人成功了，但有的人到老都還逃不掉。不管怎麼樣，「逃」是為了尋求脫離面具的可能性。

舒斯壯在《實現心理治療》（*Actualizing Therapy*）一書中說明了一個正常人在尋求各種可能的生存過程中的人格變化（見圖6-2到6-6）。

當一個人發現周遭的人（包含自己）都戴著面具過日子，以假為真、越擰越扭曲，並逐漸形成競爭、討好、指責、逃避的態度與他人互動，表現出極端的主觀性，對於訊息的解讀沒有彈性，堅持自己是對的，不同於己的都是錯的態度，甚至變得憤世嫉俗時，他的人格是往左邊的性格障礙（Character Disorders）端移動，其人格特徵是缺乏內在導向，與自我統整的能力（Lower levels of integration and inner-direction）。此時，他的人格正在逐漸傾向偏差中，認知變得僵化。

相反地，如果他能夠因為理解而涵容他人的面具，肯定自己卻不否定他人，認同每個人都具有獨特性，尊重自己和他人的虛假，承認為了在社會運行的規則裡生存，操弄是必要的策略，願意嘗試傾聽自己與他人的內在聲音，則其人格是往右邊的成長中的正常人（Growing Normals）端移動。這樣的人格是非常活潑的，因為存在（being）不是一個死寂的狀態，而是日日時時刻刻都在變動的狀態。如果此時一個人能夠在看到自己的操弄，幽默嘲諷自己的虛假之餘，慈悲看待他人的操弄，就可能漸漸變成（becoming）一個慈悲智慧的人，走向自我實現的一端。

舒斯壯也進一步描述個體的內在變化，讓人看清楚在操弄歷程中的生活型態（圖6-3）。

在圖6-3中，中間圓圈代表的是一個人的核心本質（Core），而所謂人格的變化是核心本質在由「愛（Love）—恨（憤怒，Anger）」與「脆弱（Weakness）—力量（Strength）」，兩軸線所形成的四個象限間的流動與變化。

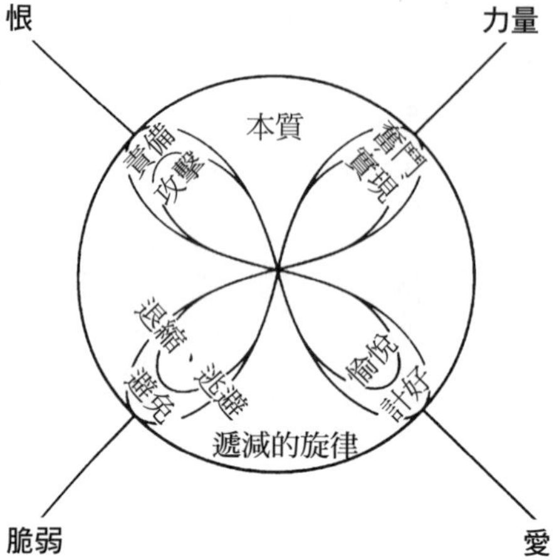

（E. L. Shostrom, 1976, p. 97）　圖 6-3　操縱型態

其中，愛—恨，指的是感官接收訊息後的感受；脆弱—力量，則是感官接受訊息、升起感覺後產生的認知、意圖和行動。因為行動取向比較容易被看見，所以憤怒、力量放在上方，而情感的表達，無論在東、西方都是被認為是弱者的行為，所以放在下方。在這些概念中，所有的愛恨情仇在其中理想上是開放的；因為是開放的，所以感受會改變，人因此有機會在不同區塊間移動，並透過自我探索、自我成長的過程，漸漸走向自我實現。

操縱型態（Manipulative Styles）是指個體為了生存，戴上角色面具，操弄生存的世界、操弄自己，呈現出「遞減的旋律」（Reduced Rhythm）的生活型態

（圖6-3）。我們可以把本質想像成一窟水，原來水在裡頭是可以自由自在流動的，可是當個體遭遇挫敗等負面感受，他可能會顯現出憤怒，也可能把憤怒儲存起來，或者是採取逃避的策略，試圖去取悅別人、討好別人，並以之當作愛。這些都是個體操弄世界的方式。

還有一些人會藉由運動來釋放憤怒的能量，或者是從愛的角度透過祈禱、寫牌位等方式，祝福「冤親」，則可以揉合負面情緒的影響。

這些意圖，是個人可以選擇的，但是選擇的取向決定了本質可以流動的程度。如果我們以遷怒來做為排解的方式，那麼在憤怒軸上的區塊就會脹大，使得本質內部可以流動的空間變小，可變化的情況也變少了，人也就變得固著了。

不管個體採取何種操弄手段來換取在這個世界的生存，最終，受影響的還是自己內在的人格結構。

當個體愈往常態分配圖（圖6-2）的左邊性格障礙（Character Disorders）移動時，本質變小了、流動性更小，甚至被壓縮，變得僵硬、僵化，表現為固執、煩惱，而且邊界變得很粗，顯示人格的僵硬、僵化，以避免負面情緒外溢。此時，個體與外界的互動會越趨自閉，而呈現表裡越不一致的行為。（圖6-4）

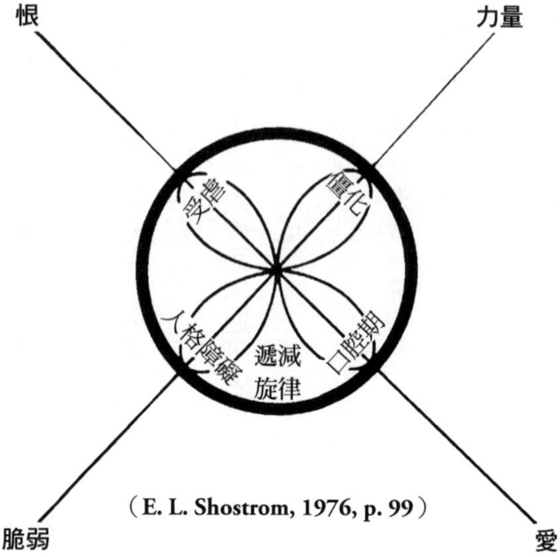

（E. L. Shostrom, 1976, p. 99）

圖 6-4　個性風格

很有趣的地方是，舒斯壯在「愛」的維度用了口腔期（Oral，又稱為口慾期），表示在這個生活型態下，個體以滿足口慾來滿足人與人關係間的愛的需求。本來，以吃東西來解決生存問題是人非常基本的生存方式，所以，很多人心情不好時，就會想要去大吃一頓，因為吃滿足了口慾，也滿足了生存姿態。我常常有個錯覺，我們這個年代，還集體性的處在口慾期。君不見，好吃的食物在我們的社會就是王道；吃到好吃的東西是生活中最常發生的開心事。美食訊息在網路上被大肆傳播，無論是喜是悲，解決的方式就是先找朋友一起去大吃一頓。

當個體在力量維度僵化（Rigid），會是非常辛苦且弔詭的現象。我總是在來訪者身上看到他們僵化的過程，但另一方面，我也看到僵化逐漸成為行為模式，而成為他們生命中非常重要的驅力。

有一位來訪者小時候家裡很窮，父母親是鄉下人、不識字，所以他從小就立志要努力讀書，將來好出人頭地。從求學乃至就業，他從不認輸，總是非常拚命地去爭取好成績，把握各種往上爬的機會。他想要逃避的驅力，成為長期奮鬥的動力。命運也沒有太辜負他，最後他不但在美國拿到博士學位，還在大公司裡取得很好的職位，終於光宗耀祖了。可是當他再回到台灣，面臨的卻是父母年老、沒有人看顧、病危，他感到很挫敗，他不知道自己幾十年來的拚命究竟是為了什麼！其實，他的挫敗源自於愧疚——自己長期以來沒有辦法認同自己的出身，瞧不起父母親，亟欲擺脫父母親的社會階層。雖然就社會學的角度看，他的確是靠著自己的力量一步一步地從社會底層爬上高層，可是在這個過程中，他並沒有正視過心裡的壓力和感受，他只是不斷地敦促自己努力再努力、拚命再拚命。所以等他站上頂端，卻發現沒有父母可以同享榮耀時，他錯亂了、迷惘了。說起來，他很無辜，可是解決之道也只有他回頭面對自己生命中的剛愎與脆弱，承認自己曾經逃避、曾經退縮於認同自己的出身。

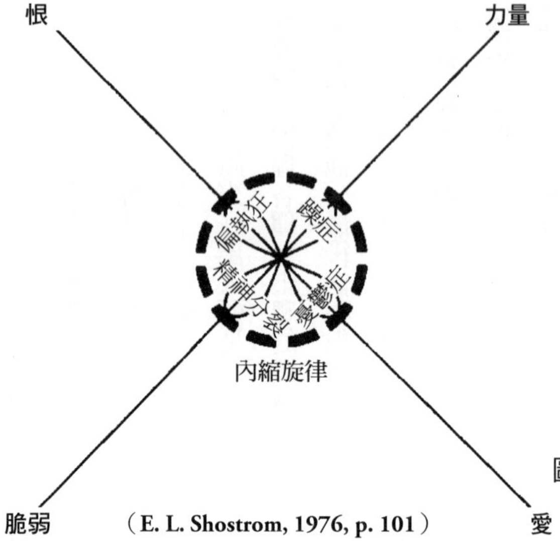

圖 6-5　精神病風格

（E. L. Shostrom, 1976, p. 101）

當一個人長期在逃避或是奮鬥、實現，或形成力量的過程中，面對各種不公不義、他人刁難、際遇不平種種情事，他的委屈和憤怒往往沒有出路，只能承受，彷彿是個受虐者時。如果他一直把負面情緒鎖在心裡頭，將使得本質（Core）越來越縮小、更加的不流動，形成內縮旋律（Constricted Rhythm）的生命型態（圖6-5）。

舒斯壯以有空隙的虛線表示，本質內的負面情緒需要被宣洩出來，如果一直悶在心裡面，這時候，人格結構若是因為僵固而崩解（圖6-5），就會表現出瘋狂的行為，也就是走到了圖6-2常態分配圖的最左側了。

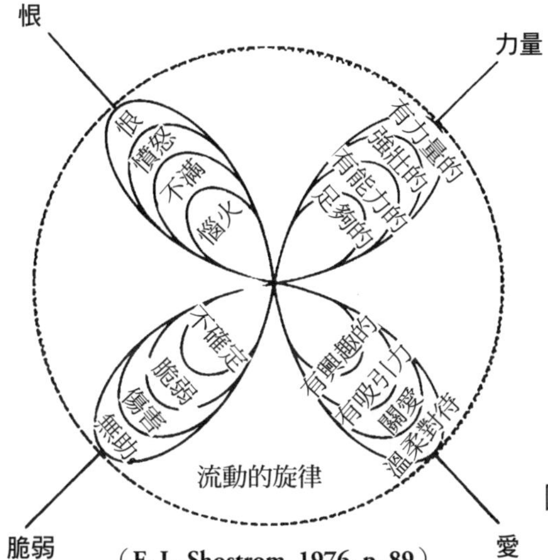

圖 6-6　實現節奏

（E. L. Shostrom, 1976, p. 89）

舒斯壯認為，一個走向自我實現的個體需要有冒險的勇氣直面自己的感覺，如此的生命型態是流動的旋律（Flowing Rhythm），因為是流動開放的，可以自由進出，所以有調整的機會（圖6-6）。

許多人平常看起來是個溫良恭儉讓的大好人，可是，某一天的某一個點，他們會突然好像變了個人似的脾氣大爆發，或是生理上出現重大疾病。我們容易在男性身上看到這樣的情況，因為男性在整個文化薰陶之下，必須要能夠承載所有的情感情緒，要成為英雄、鐵漢。一個讓情緒自由流動的男性，很容易被貼上「弱者」的標籤。

舒斯壯在「脆弱」這個維度裡，標示了不確定（unsure）、脆弱（vulnerable）、傷害（hurt）、無助（helpless），是人處在脆弱狀態下在本質裡流動的感覺。但是，男性不被允許表現出這些感覺，相反地，男性被要求呈現出「力量」，也就是有力量的（powerful）、強壯的（strong）、有能力的（capable）、足夠的（adequate），於是他的本質就會變成「力量」維度的區塊擴大，「脆弱」維度的區塊縮小，以至於「愛」維度不知所措，「憤怒」就成了出口，這也是許多父親無法表現出關愛（caring）與溫柔對待（Caring tenderly），並且顯得暴躁或冷漠的原因（如圖6-7）。從這個圖來看，我們就能理解許多男性在諸多因緣條件之下，作為一位父親卻與最愛的家人漸行漸遠的原因了。

通常，當爸爸進入改變歷程時，如果能讓他的憤怒和脆弱被覺知和接觸到，他就能開始對人表現出關心（Caring）。家人發現了爸爸的可愛之處，他又進一步可以展現出溫柔關懷的面向了。

舒斯壯的圖傳遞出的訊息是，一個人如果能調整自己的內部系統，那麼人的轉化、成長是一定會發生的。本質的變化源自於我們在成長歷程中日積月累地戴上角色面具的過程。過程無人可以倖免，無論有感或無感，都會慢慢地形塑我們的性格和行

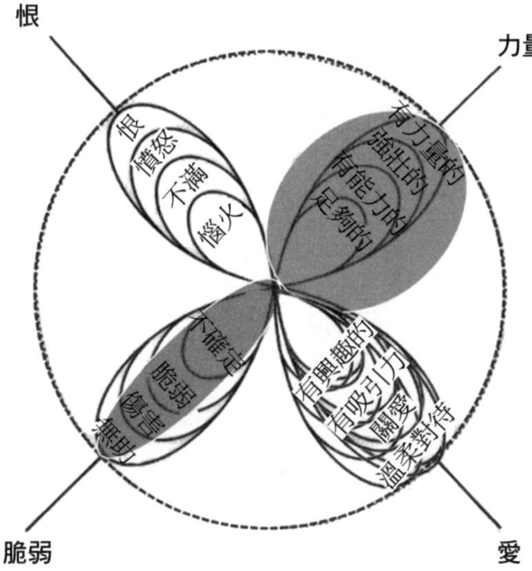

圖 6-7　父親的本質

為模式。

這個理論簡要地描述了人生角色面具之下，身不由己的操弄之苦，其中七情六慾帶出來的愛恨情仇，無人可以逃脫，因此，他指出了流動的自我是成長自我的出路，不逃避的面對操弄下的角色面具，從認識自我、肯定自我，走向成長自我，讓僵固的人格結構透過覺知歷程而開放，讓感受在被辨識、理解後，進而與認知交涉，促成行為模式的改變。

這是一條自我實現的歷程，也是生命中不可或缺的修行之路。所以在禪修與日常修行中的不加以評斷的覺察與覺知，會讓我們更有機會安定地看見個人的內在空間的不平衡，逐一去了解其中的原因。如此一來，我們就不會持續被角色面具所掌控，而是在增加本質的流動性與開放性上下工夫。這是我們在禪修與日常修行上可以著力的。

其實沒有我

如果操弄是生存的常態，那麼，有「真我」嗎？

我們從叩問自己存在的樣貌出發，試圖掙開角色的各種限制，以找回原本的自己。在這樣的行動中，隱隱地指涉我們其實也否定了被社會建構出來的「我」，認為戴上角色面具的我不是「我」。這樣的想法與舒斯壯常態分配圖（圖6-2）中間操縱型人格是吻合的，這也是家族治療之父鮑溫所說的「假我」（pseudo self），甚至與佛法中的「假我」也有概念上的重疊。可是當我們活在那些角色裡面的時候，我們都認為一切都是真的——真真實實的痛、真真實實的苦、真真實實的笑、真真實實的哭。如今，我們卻看見所謂的「真」其實是社會建構的結果，真讓人不由得仰天長嘆「浮生若夢」，「人生一場空」！

還記得「角色與我七階段」圖裡的五個圈嗎？前面四個階段都是以角色為主，我們以為角色中的我就是「我」，所以其實是沒有「我」的。換句話說，此時的個體是「假我」的存在。

隨著我們慢慢觀察、反思、摸索自己於各個角色的面向，實有我（solid self）慢慢顯露出來。這個慢慢觀察、反思與摸索的過程，是認識自我的過程。當實有我出現，個體進入自我肯定的狀態，慢慢地可以觸摸、展現拋開角色面具後的自我，換言之，是在心理上開始跟自我有所連結，能有自知之明，不虛矯、不逃避、平穩踏實、明白承擔、漸漸產生自信。不論大小，那個在眾多角色中的圓圈是個基地，如同舒斯壯所說的本質，讓個體在肯定的基礎上得以擴充、清晰起來，而自我越來越清楚的過程就是成長自我的過程。

從角色我到實有我，是一個從自我認識到自我肯定的歷程，然後自然而然地會邁向自我成長。因為在這個歷程中，一方面，我們會觀看自己、跟自己對話，也和周遭環境不斷地核對，讓自我肯定愈來愈紮實，漸漸形成了主體性；另一方面，我們也必須經歷很多原來不同意的、不喜歡的、不願意面對的自己，甚至是陰影或創傷等，因此能否持續地成長、自我接納，就成了很重要的事情。能夠自我接納，實有的我會越來越擴大，跟角色之間的關係越來越平行。也就是說，肯定自我的實有我，會帶著自信看自己也看見他人；因為眼光不同，心境和感受也就有了差異，雖然生活中仍有逆境和順境，但能夠以比較平和的心和真實面目來扮演自己的角色，試著接納生命中的必然。

過程中，有時候我們會突然有一種昨非而今是的感覺——好像以前都過錯了日子，今天才開始活過來的感受。此時，我們不要在感受中糾結，而是要重新看待自己，也重新看待這個世界。

這是因為，過去，我們把「角色」視為「實有我」，是一個固定的存在、固定的實體，看不到那個「我」是社會建構出來的，不明白「我」之所以成為今天這個樣子，是個人與文化、社會、教育、環境、人際等等各種因素互動、交互影響的結果，只要其中一個因素改變了，「我」可能就是另一個樣子，甚至完全不一樣了。

這裡頭的千變萬化、牽一髮而動全身，佛法稱之為「因緣聚合」，也是「空」的概念。它所指出的事實是，被社會所建構出來的「角色我」是一個被形塑出來的個體，而且，這個「假我」並不是固定不動的，是會隨著與他人、環境的互動而改變——雖然在變化的都是我，但是形塑的過程卻大不同。角色我中的「假」是一種層層覆蓋、恍然無所依，而致無法堅實地感受自我的存在，而實有我的顯露卻同剝洋蔥般的辛辣，讓人實實在在地讓心地漸「明」。之所以會明，是因為當人漸漸有了堅實的自我感之後再看過往的自己，才會知道當時的「身不由己」，而體會何謂「空」。

空並不意味什麼都不是，而是領略什麼是「假」。身不由己就是因為操弄，因為沒有堅實的自我而無處著力，所以如無頭蒼蠅四處竄，是為假。

從假看到空，是一個人從認識自我到肯定自我，然後願意開始成長自我的過程。一開始，我們用了很多外在的評價系統來看待我們的角色：每一個角色裡的我是如何被形塑。這是從假到空的過程。當我們漸漸看得越來越多，就會發現說，噢，原來我今天作為人家的媳婦，他們的家庭規則跟我家的家庭規則不一樣、有衝突，而我在其中被困住。接著，我再進一步去看，我家的規則是怎麼來的、他家的規則是怎麼來的，然後也看到了這一個規則之所以成為一個規則，它背後堅持的是什麼，於是在這兩家的規則有所衝突的時候，我因為已經有了比較深刻的理解，所以能夠明白，噢，原來是在這些條件（因緣）下，形成了這個衝突、矛盾，並不是我有什麼煩惱，而是「假」的聚合。這就是「空」的意思。

既然知道煩惱是「空」的，我們的心已經不如原本那般沉重、緊縮、固著，而是有了鬆動的空間，於是，我們就有機會進一步去思考，自己如果想要把媳婦這個角色扮演好，在兩家的規則之間，除了衝突，還有沒有其他的出路？我能夠嘗試哪些不同的面對、處理方式來平衡我自己？這樣的嘗試，是對自己慈悲，也是對對方的慈悲。因為這裡頭包含了我們明白對方為什麼有這些要求，也明白自己為什麼不適應，是在對雙方都慈悲的情況下，為提升彼此相處的品質而作的嘗試。

如果能做到這一步，就是進入到「中」——帶著「空」的觀念或體驗，知道自己與他人的存在樣貌都是建構的過程，都是因緣和合，同時，又不否定形塑過程的必要性。

「中」是一個並存卻又不被並存綑綁的狀態。有了這樣的經驗，當人再次面對生命中其他角色的時候，還會繼續看到自己在其他角色中的社會形塑，繼而啟動另一個「假↓空↓中」的循環。這是在修行過程當中的、螺旋狀自我成長和自我消融的過程。

另一方面，有了「空」的覺知之後就會明顯地進入聖嚴師父所謂的「消融自我」。

隨著對自己的理解越加深入，人對角色的執著會開始消滅，某些特質會開始消融，並長出新的特質，例如：因為比較不易動怒了，所以人就變得比較親切；因為比較善解了，所以變得比較體貼了……不同特質的消長，代表已經走在成長自我的道路上。但是，一旦有了「空」的覺知和體驗，再向內觀照自己的時候，就會看到自己有很多根深蒂固，沒有辦法改變的習性。

我曾經問過聖嚴師父：「開悟的人會不會整個變了一個人？」他說不會，小氣的還是照樣小氣，只是開悟的人沒煩惱而已。這意思是說，一個人即便開悟了，他很根深蒂固的習性還是存在的。這個時候，必須要很清晰地開始去做消融自我的功課——消融自己的習性，被干擾的感受才能有所改變。

所以，當一個人走到「中」的階段，還要練習慈悲與智慧並用，開展習性與悲智重新交涉的過程，這又是另一種形塑的過程：人一方面具有主動性，另一方面是在清清楚楚的狀態下改變自己，並在選擇的過程中修練自己，讓出離心與菩提心可以同時並存——出離自己的煩惱，慈悲地對待他人與世界。

在這整個歷程中，「觀」是很關鍵的能力；而最能培養觀的能力的，就是禪修。禪修時，我們坐在蒲團上，練習禪師教導的方法——放鬆身體、觀察呼吸、念佛號或是問話頭，甚至是只管打坐——無論用的是哪個方法，過程中都會發生被腦海出現的念頭或是心裡跑出來的情緒帶走而忘記用方法的狀況。這時候，禪師通常會提醒禪眾：不管妄念，回到方法。

在這過程中，我們其實是一邊在練習用方法，一邊在覺察身體狀態、念頭、情緒的起落。於是，經過反覆練習，我們的覺察能力會提升，可以在更短的時間內，覺察到念頭、情緒的起落，甚至在念頭、情緒升起前，就細緻地覺察到！這是我們前面提到的擴大覺知的方法，也就是因為覺知的能力細緻了，對於現象的「知」愈多，「認知」也就越明白，有些心結就放下了。

另一方面，不斷回到方法的練習也是一個練心的過程。因為禪修的過程不免妄念來來去去，有的時候少一點，有的時候多一點，不管狀況如何，只要坐上蒲團，開始層層放鬆地把方法用上，就已經是開始在累積心的安定力了。一如滴水能穿石、積沙能成塔，只要單純的練方法，到了某個狀態下，心自然就安定了。

把這樣的能力帶到日常生活裡頭，觀察自己內心與行為的變化，也觀察自己與他人的互動，我們自然會對日常生活中的各項細節更加注意；同時，也因為心處於安定的狀態，與世界保持著一個剛剛好的距離，事情來了，雖會有一點衝擊，但也瞬間就過去了。於是，我們就能夠在參與日常各項活動之餘，保持自己如來如去的狀態。

所以，我，不是不見了，而是在更細微地被觀察的過程中，因覺察而產生的自我認知，與之前有些微的不同；日積月累之後，好像有了新的自我認知。這是一個心知肚明的過程。

---

1 《法鼓全集》（二〇二〇紀念版），〇四—〇三，《禪的體驗．禪的開示》從小我到無我，https://ddc.shengyen.org/?doc=04-03- 020&tree_id=j1_1094

2 《法鼓全集》（二〇二〇紀念版），〇四—一〇，《禪門》自序，https://ddc.shengyen.org/?doc=04-10-001&tree_id=j1_1267

3 《法鼓全集》（二〇二〇紀念版），〇八—〇八，《找回自己》自我肯定、自我成長、自我消融，https://ddc.shengyen.org/?doc=08-08-033&tree_id=j1_4201

第三篇

轉化

7 禪修作為修行的方法

舒斯壯認為，人活在這個世界上或多或少必得被社會化——服膺社會規範、期望，以求得生存。在這過程中，我們一方面被社會所形塑，另一方面也操弄著社會規範。做得越到位，得到的讚賞就越多，越能滿足自己的心理需求，也因為被接納、被喜愛了，有了歸屬感。若從求生存的角度來說，這樣的操控無可厚非，但是，人往往為了滿足內心的歸屬感、虛榮心，而過度的操弄社會規範，看似操弄，其實也是一個被社會「馴化」的過程。

有位漂亮的中年婦女，有一天突然問我對整形的看法。因為她覺得自己人老珠黃了，整張臉看起來「臉頰上的肉下垂了，應該要提上去一點；法令紋深了，最好能把它弄平一點」。但是，另一方面，她又擔心整形手術有其效果維持的時間，超過「保存期限」後，可能一張老臉更垮！

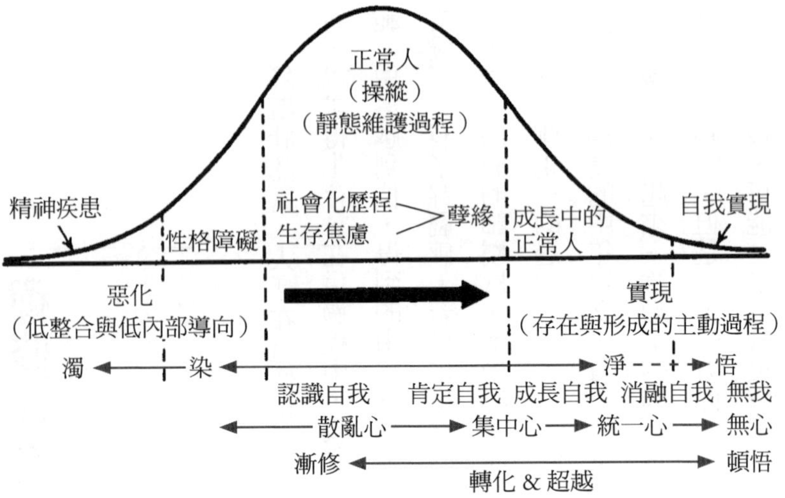

圖 7-1　舒斯壯常態分配與修行

聽著她一下子嫌棄自己的外貌，一下子又擔心可能要面對的風險，絮絮叨叨地說了許久後。我問她，到底為什麼想要做微整形？吞吞吐吐了一會兒後，她終於說出她其實是想要抓住青春的尾巴。我反問：「把臉弄年輕了，就是抓住青春的尾巴，歲月從此就停住、不會走了嗎？」

這是一個你我身邊再尋常不過的例子——以外表作為操控的手段，讓外人、自己都以為自己還年輕。如今的社會視微整形為正常行為，甚至鼓吹眾人要把外觀維持在年輕狀態。個人活在這樣的社會氛圍中，很自然地也會在乎起臉上肌肉的線條，想方設法要呈現出眾人所認同的最好樣態。所以，舒斯壯才會說，所謂正常行為的背後都有操控的意涵在其中，而這也是一個人在維繫自己生命歷程的必要過程。

這個必要過程，又與禪修有什麼關係呢？我們接著進一步來討論。

修行到底在修什麼？

當人們的心處在這樣被馴化的框架當中，自然是一直處於備戰、被壓抑的狀態，我們對於這樣的狀態不但不自覺，甚至這個狀態也是必要的，因為如果放任了心，我們就會失控，不為社會所接納。因此，在生存焦慮的驅動下，我們擔心自己活得不夠好，心不斷地攀緣[1]：已經夠美了，還要更美；已經擁有，還要更多……

人，只要活著，就真的是無法避免社會化過程中的操控與被操控。舒斯壯以一個粗大的箭號提醒我們，人在過程中如果能夠慢慢的知道自己是怎麼活的，看清楚自己是如何被形塑的，明白自己在操弄的是什麼，也明白放不掉的是什麼，就能逐漸成長邁進。此時，個人對於自己的操弄與被操弄了然於心，能明白自身是為了求生存或是為了滿足自己內心的需求而做出選擇、決定並採取行動。這樣的人就彷彿是取得馬斯洛（A. Maslow）所謂自我實現（self-actualization）的護照，開始走向自我實現的過程；然後漸漸走到極致的時候，就真的可以做到自我實現。

而修行到底在修什麼？

「修行」就是「修正自己的行為」[2]。「修正自己的行為」這樣一個簡約的說法，可以擴大解讀，也可以非常狹隘。對於有宗教信仰的人來說，很容易聚焦在參加法會、打坐、禪修、誦唸佛號、禱告、參加聚會、讀經、吃素等宗教活動之上；從心理學的角度來看，長期從事各種宗教修行活動的確會讓人格和行為有些變化，卻不一定能夠完整地消融心裡頭的重大障礙。但如果一個人能夠在日常生活中實踐宗教活動的內涵——不只修正自己的行為，同時也修心——除了人格變化，更可以轉心，讓心地漸漸清明，在漸修的過程中能夠淡化過往經驗加諸在身上的桎梏，進而明白自己想追求的人生目標是建構一個能自我實現的人，甚至可以開悟，以達人格的圓滿。

人一出生，原本像張白紙，在成長的過程中，有意無意的受到文化、家庭、社會等規範的影響，發展出自己的生存姿態。這個過程，以佛法來說，一方面我們順利地生存下來，另一方面心在過程中被染著了。所以，人在各種攀緣的行徑中，感官系統不斷地運作；這些行徑又加深了心的染著……，往復循環的結果，使得心沒有辦法明瞭自己的存活狀態。透過修行——認識自我、肯定自我、成長自我，心漸漸得以清淨，漸漸有一些領悟。領悟並不一定是開悟。領悟是一種回首後心神領會的感覺，因著深知自己倖存的心路歷程，而能逐漸由「角色我」轉化出「實有我」或「存在我」，而心地清明的狀態。

有一年夏天，我到美國法鼓山象岡道場打禪七。某一個晚上，我坐得很安穩，自己也覺得很舒服。結束後，從禪堂走回寮房（寺院中居住的房屋）路上，我突然想去散步。

象岡道場位在紐約上州，是位在森林中的一個禪修中心，占地一百二十五英畝（約五十公頃），除了幾棟建物，還有草原、沼澤、森林，以及野生動物；安靜、清淨、遺世獨立。可想而知，夜晚的象岡一片漆黑，縱然有些天光，也被參天的大樹遮蔽。我一個人沿著湖邊走著、晃著，直到心裡覺得滿足了，才回到寮房睡覺。

第二天早上醒來，回想前一夜的行徑，我嚇了一跳：「哎呀，我怎麼一點都不覺得害怕呀！」另一方面，我覺得很奇怪，因為散步的當下，雖然是黑壓壓的一片，但我卻能看得清清楚楚，哪裡的草比較高、哪裡有塊石頭，都了了分明。我坐在那邊思考到底發生了什麼事？突然，我明白《心經》所說的「心無罣礙」了！

我很興奮地跑去找聖嚴師父，跟他分享：「我終於明白《心經》中的每一句話都是可以修行的！」聖嚴師父淡淡的笑著說：「你才知道啊！」

這是一個領悟的經驗——一個偶發的領悟經驗。原來心的安定是可以讓人的感官有截然不同的領受與覺知，感官的覺受因為心地清明而變得敏銳，本來在漆黑中自然地心理反應——恐懼、怕黑也消失了，於是過往經驗中形塑出來的認知也因而有所改變。

所以，走上自我實現的道路就是修行，雖然不容易達到真正的無我，但是，修行中，藉著禪修方法的鍛練，讓心在被操弄的雜亂中逐漸安定集中，進而心念清明統一。在蒲團上形成的自我肯定，是安定的基石，進而在日常生活中開展自我成長，這樣的道路和自我實現是異曲同工的修練。

雖然，在圖7-1中，是以直線性的方式來表達其循序漸進的過程，可是，事實上，它們是一個來來回回、交錯運用的過程，是一個有增有減的狀態、是一個螺旋狀前進的路線，有些時候，我們以為是回到了原點，但其實已經更上一個階梯了。

有一個學生因為曾經在台上出糗而從此害怕上台。中年重返校園後，即便是在自己座位上分享讀書心得，他都得就著文字稿，一字一句地唸出來，沒辦法在眾人面前自在地說出自己真正的感覺和想法。每次報告完，他也得花點時間靜坐，舒緩自己的恐懼。一段時間後，他覺得自己好像進步一點了，所以鼓起勇氣，報名參加說書比賽（這個比賽規定不可以有講稿），目標是只要能踏上台就好。

比賽順利完成了，但是事情並沒有結束。隔天，他在課堂上向老師說到自己的論文題目還不確定時，竟然哭了出來。下課後，他照例又以靜坐陪伴自己的恐懼。這一回，他在靜坐時，竟然眼淚莫名其妙的流下來了，而且流淚的同時，他並不感到害怕，而是一股平靜的力量在心中蔓延開來，恐懼在他的心中消融著。

我們從整體來看這個歷程就會發現，這個學生先是接納了自己的恐懼，然後努力去做到自己可以做到的事情：從照著稿子唸，到不拿稿子站上台，再到對老師說出自己還沒準備好……，包括以靜坐陪伴自己。這一連串的努力行動，一方面使得他對上台分享的恐懼越來越少，另一方面，他的努力冒險突破自己的囿限，讓自己成長的能力增加了，並且在過程中他的不舒服也逐漸在消融。其中的關鍵是，他的靜坐產生了因為心的穩定而沉澱出消融恐懼的安定力，心因而在自己的努力和靜坐中，相輔相成地長出了勇氣。

再說一個我自己的故事。

台北市的老人只要持敬老卡搭計程車就可以折抵六十五元車資。有一回，我要下計程車時，我把敬老卡拿出來刷，司機一看到就說：「妳看起來沒那麼老呀，妳應該只有五十多歲吧？！」當下我樂歪了，嘴上嘀咕著：「如果我的體能和生理機能有這個年齡就好啦！」心裡頭則清楚自己其實很想留住那個曾經年輕的自己，依戀著年輕的自己。所以，雖然計程車司機的說法讓我樂得不得了，但我也發現我有一個滿喜歡年輕的自己的執念，因為年輕時的體力真是好，闖紅燈時可以跑得飛快，現在則是等在十字路口，看著年輕人快步奔跑。

一旦察覺這個執念，我明白當下我的心是被過往經驗所染著，於是回頭告訴自己，七十歲，這是無可否認的事實；回到當下、安住當下，等著下一個綠燈，心中頓時感受到屬於七十歲的安定和豐足。

這些都是我們日常生活中會發生的事情，而這就是在假、空、中循環練習的修行：我們如何在了了分明的狀況下，修正自己的行為，選擇自己想要修正的方向，並接納改變的歷程一步一步漸漸發生。

我們從一個角色開始，練習減輕自己在角色上的負荷，找到跟自己比較和諧相處的方式，然後在其他角色上重複練習這樣的經驗。從這些過程當中，我們看見了自己是一個什麼樣的人，並且看到自己的變化，漸漸地就從角色我，看到心理我（我的心理、我的感覺、我的情感），然後到存在我（感受到自己是一個獨一無二的主體）。在這樣的狀態下，我對於我自己的覺知一直在變。而隨著對自己的覺知變化了，我們與外界交涉的方式、態度也會跟著改變。

很多人問我，在這個過程中，如何能夠分辨自己對「我」的覺知究竟是從外抓取的詮釋、理由，或是真的走向認識自我、肯定自我、成長自我，甚至消融自我的道路？

我認為啟動改變機制的關鍵就在「放鬆」。

放鬆帶來不可思議的改變

前面我們有提到，人透過五蘊接觸世界，事實上，感官知覺也形成了一個人的習性，包括我們的口味、生活習慣、對事物的評價與反應等等。種種感官上的知覺造就我們為了讓自己舒適，於是就漸漸形成我們習慣性的行為。

有些行為是外在可以觀察到的，另外有一些行為是看不見的心理性行為，例如：

當一個人受到稱讚與獎賞而感到高興時，他就認識了「高興」這個感受，之後，為了複製、延續高興的感受，他就會開始持續的尋求讚賞。我們可以從新生兒的成長過程來細細分析這個過程：小嬰兒本來聽不懂大人各種語言的意思。有一天，他可能無意間做了一件事情，結果，他的眼睛看到了媽媽的笑容，同時耳朵聽到了媽媽的語調溫暖親切，整個人感受到媽媽的歡喜，於是大腦就會建立起一個評價：「這是一個好的行為」，所以，他也開心地笑，並且開始重複做同樣的事情。

新生兒來到這個世界，他透過感官接觸外在世界，產生了種種反應；然後從種種反應中慢慢去形塑他的習慣。縱然每個人先天各自擁有獨特的特質，仍然得遵循這個人類行為的根本學習歷程——藉由感官世界與外在世界接觸產生的種種反應而形塑出生活習慣。

這個形塑的過程深深被身處的環境和相處的對象所局限，同時，環境和對象也會強化人的行為習慣。例如：從小出門就有車子可搭的人，大部分都不喜歡走路；從小在鄉下打赤腳的人，穿著皮鞋時，就會想要讓腳出來呼吸……。這些習慣累積起來，就成了一個人的性格。從心理學的角度看，我們透過感官去經驗生命中各種愛恨情仇，如果我們對這些經驗的覺知是「自己一直是個受害者」，就很容易認定具有某些特質的人都是加害人。

有些人的性格，我們會說他很難搞，也就是性格很固執；有些人的性格看起來很有彈性，可是他處處討好。不管是哪一種性格，都是環境與個人的內在交互作用而慢慢產生，再隨著經驗累積漸漸固化而成的，不同的生命經歷造就了每個人的差異性。

關於性格固化的變化過程，我們先前透過舒斯壯的理論討論過，如圖6-3、6-4、6-5、6-6。但如果要追溯性格形成的源頭，感官就是最重要的窗口，因為我們從眼睛所見、耳朵所聽、舌頭所嚐、身體所觸的經驗中，知道如何反應，如何行為，才能讓我們生存得更好，於是我們的腦海裡對此形成了觀念與認知。

學習打坐、禪修、靜坐的起手式就是放鬆。為什麼？這是因為如果能把放鬆做到位，就能帶來感官的改變！

不論是引導放鬆的方法、數息的方法、觀想的方法……，都是讓我們可以進一步專注在某一個點上，這樣的專注使得身體所有的部位開始放鬆。於是，整個人就可以慢慢安定下來。這時候，我們可以覺察到自己的身體安定了，念頭卻如萬馬奔騰不已；繼續練習方法一段時間後，念頭會漸漸減少，可是浮躁會出現，這是過去被壓抑的、被控制的，或者是不愉快、悲傷、憤怒、美好、甜蜜的記憶浮現上來了。這時候，帶領禪修的禪師們會提醒禪眾：不要去管這些妄念，要持續在方法上用功。這些記憶、情緒來了，只要不去追它，它自然而然就會消失，就好像是大掃除清箱倒櫃發現許久前遺忘的物品那樣，這時只要回到方法，這些記憶、情緒慢慢就會平定下來。

在生活習慣或是行為養成的過程中，我們慣常以掌控和壓抑的方式來處理事情，可是凡是走過必留下痕跡，所有被掌控和壓抑的，都會儲存起來，一旦放鬆了，它就會慢慢浮出，不管它們是平常有意識到的，還是屬於前意識、無意識的記憶。當這些記憶浮出來的時候，原本非常僵固、固化的我，不再被擠壓，就可以慢慢地有一些彈性出現，我們因此有了機會改變。這就好像櫃子裡雜亂的東西都安放好了，就騰出一些的空間，進而有了轉圜的餘地，同時負荷開始減少，心地也變得鬆軟，形成轉心的基礎。當然，也有些人的心理結構固若金湯，越坐越固執、堅硬，這就得看緣分，能否遇到「明」師。

聖嚴師父帶禪七時，經常會在禪期的後半加上慚愧懺悔的禮拜。這是因為，經過三、四天，甚至五、六天的禪坐，心已經逐漸安定下來了，許多的念頭出現又消失了。這時候來拜懺，可以透過拜佛的活動和姿勢，再去勾起身體不同部位的記憶連結。由於心此時已經比較有彈性了，原來的認知已經鬆動了，所以對於那些原來會把人綁住的情緒、記憶，可能因為鬆動而有新的感受，甚至會從責怪、怨懟，轉為感到慚愧、感恩。只是這樣的轉變，並不一定每個人都會意識到，所以才會有些人即使不覺得自己有什麼需要慚愧懺悔，但在拜懺過程中，就是會不知不覺地掉下眼淚。這樣的禮拜也是讓久坐不耐、心氣浮躁的心，能更為安定而柔軟。

慚，是對不住自己；愧，是愧對於他人。柔軟的心，讓各種深層的感覺自然升起；自他的分別，由僵硬而融合，對立不再固著，原本內心的糾結、掙扎、衝突，在禮拜中得以舒緩。此時，心中洋溢的是沒有自我中心的慈悲，某種程度的療癒因而發生。這是一個消融自我的時刻，也是一個淨化自心的時刻。如同圖7-1，由於放鬆，心念得以由散亂而集中，若能漸次統一身心，自我成長也就可以漸次邁向自我消融，心念長久以來被形塑和固化的狀態，因此而有所轉化。

如果我們能在禪坐過程中意識到情緒這般來去的歷程，並且在下座後的日常生活持續對這些現象觀照，漸漸地，就會發現這些心念是活的，它不是動彈不得的，而是可以移動、可以生、可以滅的。這是一個藉由深度放鬆來活化人的意識的過程，也是人透過五官運作讓改變發生的契機。感官的覺受與我們的覺知之間，真的是關係非常密切。

放鬆有許多不同的層次，是一個需要持續練習的方法。如果能對放鬆上手，就能一直持續不斷地處在鬆的狀態，或者說是，快速地回到放鬆的狀態。當深沉的放鬆出來，感官知覺的範圍會擴大，光線特別亮了，顏色特別鮮豔了，就連一朵不起眼的小花，好像也變漂亮了。卡爾・羅傑斯（Carl Ransom Rogers）在《存在之道》（*A Way of Being*）一書中自述，他七十二歲時，曾經獨自在海邊的小屋裡生活了十天，這是他從未做過的事情。我們可以想像得到，在那些日子之中，他不需要被忙碌的工作埋沒，也沒有來訪者需要照顧，他能做的事情，就是聽海、看海，沉浸在環境之中（這就是放鬆）。之後，他感覺到「整個人都清爽了」。他發現他可以享受自己一個人，他喜歡自己！[3]

我自己的經驗則是，每次打完坐之後，我的聽力就改善許多，心力平穩地在忙碌中來去自如。這些對現實世界的覺知的改變，會改變我們對世界的看法。雖然人覺知的世界有苦有樂、有美有醜、有是有非，但放鬆時，因為心念的安定平靜，所以帶來的感官覺知是朝向比較正面的方向改變。即便無法在蒲團上有滿意的坐香，這些方法對心地的鍛練，也是可以在日常生活中發生作用。

在日常中練心

多數學禪修的人，都把目標放在「開悟」，這是一種很弔詭的命題，如同驢子眼前的胡蘿蔔。因為所有的禪師都會說，悟境是不可期待的，愈求愈遠，但是修行人又不可沒有精進心，因此就只能「不問收穫，只求耕耘」。然而，耕耘時要不抱期望的精進，又不得掉入「冷水泡石頭」的境地，這是很多修行人的胡同。

聖嚴師父曾說，結果即是過程。修行是過程，坐一支好香是過程，坐一支壞香也是過程，當體認生命的一切都是過程時，開悟也只是一個節點，卻仍然是個過程。

那，修行之於生命的功能是什麼呢？

其實，練習禪修的過程，由於清楚明白這心念的來去無蹤，即可體會到生而為人的身心不由己。老去，不可控；生病，不可控；各種感覺，不可控——因為這些不可控而知道生命的苦。同時，也可感受到環境中的不可控、時間的不可控，對於海枯石爛的不可控。因此，我們常說「無常」是苦，可是坐一支香，不論得力與否，我們就是在體驗無常與掌控之間的角力，重點是如何在每一個念頭的起落之間，任它來去，而讓心安住於修行方法上。這樣的練習讓我們漸漸能讓心安住於當下，於是面臨各種衝擊時，不至於被擾動到不可控，這是在練習成為「自心」的主人——不論各種外境的浪潮如何襲來，仍保有一分清明與安定。

有時候，我們忙碌於在各種角色之間，無法切換自如，然而一旦在練心的過程中體驗到心念起落的間隙，也就是覺知到這個念頭與下一個念頭之間還有一段空白，此時，也會促動自心在當下作切換，幫助我們在各個角色間提起與放下——不只是心的安定，更是心的自如。當然，由於習慣性地觀察心念變化，當外在環境牽動情緒時，起伏之間，我們除了敏銳覺知，也能比較快速地回復平靜，不會被情緒牽著鼻子跑。

這樣的練習修心、練心，一段時日下來，心的鬆、緩、安定，是可預期的，同時也帶著身心的清淨，面對這個紛亂的世界時，在「假」（角色我）中，領會「因緣有，自性空」[4]，讓自我消融的過程持續不斷，至少可體驗自我的實現，而趨近於開悟了。

至此，我們會發現，不是有困境的人才需要修行，而是生而為人都需要修行，讓生命有一個開闊的去處。而轉化，則是修行途中需要跨越羈絆的課題時，讓我們身心努力的過程。兩者，其實是並行的。

1 聖嚴法師：「凡夫經常心隨境轉，凡夫的心受環境裡的人事物所影響、牽連、困擾，稱為『攀緣』。」取自：https://ddc.shengyen.org/?doc=07-03-005&tree_id=j1_3197

2 聖嚴法師。《真正的快樂》，台北：法鼓文化。取自 https://ddc.shengyen.org/?doc=08-11-030&tree_id=j1_4418

3 鄧伯宸譯，頁一〇九。

4 聖嚴法師：「因緣亦分為兩類：1.因緣有；2.因緣空。因緣有的『有』，是指有因有緣而產生種種現象；因緣空的『空』，是指一切現象的自性本空。自性不是哲學上所稱之本體，而是說，現象的本身即無不變的自性，故稱自性本空。」取自：https://ddc.shengyen.org/?doc=04-15-003&tree_id=j1_1561

8

轉化如何可能

日常生活的自我對話

我開始禪修時，對佛教、對修行的概念可說一片空白，但我在禪修中經驗到一些不理解的體驗，且感受到禪修對當時處在生命低谷的我產生了一些影響。好奇個性使然下，我花了許多年去嘗試了各種方法，希望能夠以嚴謹的學術態度，瞭解「修行使人的身心改變」這件事情到底是怎麼一回事。

當然，過程中，我也把握機會請教帶我進入禪修的聖嚴師父。聖嚴師父給我的答案並不總是言簡意賅，他有時候還會讓我自己去看書找答案，同時為避免我因為看不懂佛法名相而更感困惑，他甚至要我直接去看英文書。我因此接觸傑克・康菲爾德（Jack Kornfield）、卡爾．羅傑斯、肯恩．威爾伯（Kenneth Earl Wilber II）等人的著作，明白無論東西方、無論何種宗教信仰，甚至沒有信仰，只要方法持續地運用到位，身心就可能產生變化——帶來身心變化的修行並非只有佛教的法門才能達到。

但，真的是這樣嗎？

我又把這個疑惑帶到聖嚴師父面前。他告訴我，信仰的階段可以分為仰信、解信與證信，而我所走的路徑是「證信↓解信↓仰信」，亦即是身體先驗證了結果，再試圖去理解其中緣由，心裡明白怎麼一回事了，才有真正的信仰。

聖嚴師父這段話解開了我一個疑惑，我這才明白，人的改變不一定只能好像教育過程那樣，亦步亦趨地透過學習，然後把知識帶到日常生活去理解，使得原來的認知發生改變，才能漸漸成長。原來，超越性的改變是有可能的！這讓我回憶起自己也曾經驚訝於孩子智力階梯型的改變，一如皮亞傑（Jean Piaget）於認知發展理論中所說的，兒童發展會以階段形式出現，透過平衡歷程，從一階段演化至下一個階段。

人透過教育、學習，可以漸進式地成長，但這不是唯一的改變機制。人的改變機制中還有超越性的一面，只是這些超越性幾乎無跡可循，讓人不明白是怎麼發生的，所以，我們才會將之認定為跳躍式的改變。而開悟，正是一種超越式的改變，所以可遇不可求。

但，人的超越性改變只有開悟嗎？

當然不是！人的一生一定有很多小小的領悟過程，有時候甚至會經歷大大的領悟過程，這些領悟雖然沒有禪宗開悟的程度深，卻足以使人產生比較大的變化。例如：突然間原來糾結的事情不再糾結了；原來困住自己、使得自己動彈不得的某段關係，可以放下了。

帶著這個明白，我觀察自己、觀察周圍的人，也把這些概念用於教學、用於會談室裡，日積月累的結果，我證實了「超越」與「開悟」存在人類經驗中已久，只是除了禪學經典，我們鮮少在理性知識的殿堂談論它而已。同時，我也相信心理治療、教育系統都是漸修的過程。我想，這也是卡爾．羅傑斯在《存在之道》一書中會特別提到建構以人為本的教育系統的原因。

人們不在科技理性的學術殿堂談論「超越」與「開悟」，是因為它沒有可遵循的步驟，不可掌控、不可計畫、無法預期、不可言說，甚至無從學起。可是，對於靠著覺知的意識與靠著認知在過日子的人類來說，人類文明就是在掌控中發展的，因此，漸修、日常修行與轉化，就成為我們可以下工夫之處。而人要成長、要改變，自己唯一能夠掌控的，其實就是不停提昇自己。

思考至此，我放過自己非得要搞清楚那些體驗性經驗的企圖，並因為放過自己，整個人放鬆了，我反而得到一種自在，那就是我不一定要回到禪修狀態才會感到安適，我反而更相信，蒲團上的工夫是必須能在日常生活當中運用得上才行。

從此，我更用心留意自己日常生活中的各種體驗，例如：耳朵更靈敏了，或者自己的心正處於不動的狀態，好像是世界的旁觀者，即便面對突如其來的事件衝擊，也是一下子就過去了。這使得我在忙碌中仍能保持一顆清楚、不受干擾的心，一邊參與各項事務的進行，一邊保持自己如來如去的狀態。因此，我會說，這個修行歷程也是我調整自己生命狀態的過程。

隨著日常生活的變化來練心，是我很重要的修行內容。有一年春天，我因為感冒而失去聲音五天，連氣音都發不出來，醫生叮囑我小心，周遭的人也很擔心。這是我第一次經驗毫無聲音的情況，不但沒法教學，連想吃個什麼東西都說不出來。

我首先就想到：平常禪修時，我會因為不用開口講話感到很開心，但現在是比禪修更徹底的無聲狀態了——既沒有人禁止我講話，也不是我不想講話，而是我根本就沒有聲音——為什麼我沒有開心的感覺？

我想，是因為平日裡，教學、會議占滿了所有時間，所以一旦可以不說話，我心裡就會很開心。可是，不能說話、不需要說話，跟沒有聲音是兩回事；沒有聲音跟啞巴也是不一樣的狀態。我雖然沒有聲音了，但是我還有選擇能力，還是有決定能力的呀！這既然是難得的經驗，那就充分感受體會這種沒有聲音的世界吧！

接著我又想，生理上，我沒有聲音了，那麼，我能不能做到心裡也沒有聲音呢？很有趣的是，當我開始跟自己玩起這個遊戲時，我發現自己心裡的聲音多到不行，而且跟進行禪修而被禁語時的心裡聲音又完全不一樣。我沉浸在無聲的世界裡跟自己玩遊戲，結果，我完全忘記要去關心正在教室裡進行自主學習的學生們了。

「無常是唯一的常」，我因為感冒完全沒有聲音也是一種無常，而我們以何種心態面對生命中的無常，就決定了我們心中的感受與意向。所以，轉念、放下，真的是我們可以有意識去操作的。至於是什麼原因讓我完全忘記教室裡的學生們，甚至連上課的念頭都沒有，就是我下一步要去探尋的了。

這就是我日常生活中與我自己的覺知、覺察之間的對話，也是我對自己的反思與探索，藉由探問念頭的來處、念頭的內容，念頭包含的想法、感覺，我理解了自己到底發生什麼事。這個理解可能不是唯一的理解，可能還有其他的理解、詮釋方式，但是，我就帶著目前的理解，再用到日常生活中的其他事情上。這是人在轉化過程當中可以做到的事情；而人也在這過程中不斷地變化、轉化。

轉化的啟動

這樣的轉化是如何啟動的呢？

前面我們曾經討論到，人是一個整體，包含了認知、情感與意識，並透過感官來與外界交涉。交涉過程中所發生的種種反應與結果，會回饋到人的內在系統，為了求生存，也為了讓自己過得舒服些，我們於是服膺於社會價值的要求——即「角色」的規範與期待，所以，人都是活在苦中而不覺苦的。可是，一旦苦的感受被覺知到，並且有了想要離苦的念頭，生命的縫隙就打開了，自我冒出芽來，個體藉由因陀羅網（人際與系統之間）上各寶珠的相互映照，看見自我，而得以逐漸深入探尋，建立起「實有我」（Solid self）。

「角色」承載了我們生活裡面大部分的內容，我們日常中與自我覺知、覺察之間的對話，大部分都與角色有關。如果我們能夠弄明白自己所背負的各種角色之間的關係，分辨出角色本身的價值與自己在角色中的價值，辨認出每個角色的界線，以及「同樣一個角色為什麼我這樣做而他卻那樣做？這中間的差異性是什麼？相容性又是如何？」，都會使得角色界線發生變化，而且讓我們離自己的本心越來越靠近，也越來越清楚自己所依歸的價值系統。在這樣的狀況下，我們將漸漸地能夠不為社會價值所困擾，不為二元世界所綁架，該負的責任勇於承擔起來，不該負的責任也不會攬在自己身上。

在自我對話的初期，由於「實有我」還未確立出來，我們可能會懷疑此刻出現的感受，究竟是源於長期受到社會制約的角色，還是源於「我」心裡頭真正的想法？「想要去分辨」，是生存的基本習性，但生命是一個整體，身體的五官、認知、情緒與意識是連動的，不可能單獨運作，所差者，只是自己有沒有覺知到而已。因此，與其試圖清楚分辨究竟是內心的感受還是角色的反應，不如好好練習覺受生命的整體性。在每一個當下、每一個情境中，練習覺察自己的身體狀態：哪個部位緊繃了、哪個部位放鬆了、哪個部位僵住了……。練習覺察自己的腦子有哪些想法飄過或是一片空白，也練習感受心的狀態，之後，我們就能漸漸清楚自己的選擇和決定，並能馬上做出調整因應。

一位學生在藥癮治療性社區實習，期間目睹了一個事件：一位社區住民因故在餐廳排尿了。負責餐廳管理的幹部看到，怒不可遏，對著住民口無遮攔地狂罵了起來。住民一開始知道自己犯錯在先，所以低頭小聲的道歉著，不料幹部不但沒有因為他的認錯而停止罵聲，反而開始數落起住民平日的行為，並嘲諷他。最後，那位住民耐不住脾性，起身要動手毆打幹部，周圍的人見狀一擁而上的拉住住民，並把住民帶離餐廳，才平息這場風波。但，住民也因此當天就離開社區了。

事後，學生分享著：「我在現場看到整件事情發生的經過。當幹部開始飆罵時，我的想法是，這也不是很嚴重的事情，而且對方不是故意的，也認錯了，就讓他把餐廳清乾淨，然後有一點處罰就好了，需要這樣飆罵嗎？但是，當幹部開始偏離事件，以言語攻擊住民時，我發現我的情緒開始上揚；事實上，住民起身時，我的拳頭也是緊握的，我很想去質問那位幹部，憑什麼這樣罵人。而當我知道最後是住民要離開社區時，我真的很想衝去找主管。可是當下也想到，我只是一個實習生，想到幹部要維持秩序其實很不容易，想到我的衝動可能給其他住民、同事帶來影響，所以最後我忍下來了，什麼都沒有做。我心裡很為那位住民抱不平，也很擔心他，他其實已經有進步了，現在卻突然必須離開社區，一切都要回到原點了。而且他又能去哪裡呢？然後，我又想到專業界線，我就知道我得回頭來安頓我的抱不平和擔心。我覺得自己有進步了，以前面對這種事情，我一定控制不了自己的衝動，肯定會衝出去，現在，我可以把那個衝動只握在拳頭裡了……」

這位學生來自家暴家庭，與家庭疏離的他極其痛苦，使他開始想要有一些改變，因而走上修行的路。以暴制暴是他過去慣用的行為模式，他的「抱不平」裡有著許多來自原生家庭創傷的投射，化為衝動，顯現於外在行為。透過他所分享的這段故事，我看到他經過幾年的練習，已能習慣性地觀察、覺知自己的感覺和行為，並且找出根源。他的覺察力道提升了，不但可以做到即知即覺，並且能馬上用自己與他人心裡的不舒服作為反思的材料，即時接住自己。

只是，在他的分享中，我也聽到了他與「衝動」仍處在敵對的位置，只是他藉由「把衝動握在拳頭裡」的自嘲方式，來讓自己可以放鬆一些，改變他往常的行為反應。所以我進一步鼓勵他，在自嘲之外，也可以在即知即覺的過程中加點幽默：「哎呀，我還是挺有正義感的呢！」以對自己的欣賞與肯定，來軟化否定衝動的內在語言。

人的轉化是一個很細膩的歷程，每一個「念頭」都牽動著轉化的過程。過去越堅固的覺受、行為、反應，通常也越不容易轉變。這時候，就好像為些微卡卡的輪軸上點潤滑油後，輪軸就能順暢運轉一般，為那些把我們束縛住的習性加點幽默、欣賞，往往就可以慢慢地滑過去了。而這滑過去的歷程，卻是千迴百轉的心念的「起承轉合」。

解析轉化

古人有云：「山不轉路轉，路不轉人轉，人不轉心轉。」心的轉變，牽涉到每一剎那的念頭。

從字面上拆解轉化，「轉」是一種改變，而「化」就是一個消融。人刻意去改變些什麼，使得情緒和認知產生變化的核心就是轉心轉念；而轉心轉念則來自於每一個當下對於心念非常細微的覺察。因為轉心轉念，有時候行為就變了。

這樣的覺察當然與禪修的工夫有關。因為禪修本身是很重要的反觀自照，意思是，禪修者經過禪修的練習，慢慢可以知道自己的念頭到底是如何來如何去，進而能夠對念頭「只是知道，而不理會」它是如何來如何去。這樣的心念覺察功能，可以帶來轉化的覺察力。

如果我們從上面的例子來看，當這位學生不再只有以往家庭裡面以暴制暴的行為模式時，意謂著他的念頭已經不再那麼堅固；不再那麼堅固，事實上是一個相對放鬆的狀態。這樣子放鬆的狀態讓他的覺察力提升，於是他對於自己的感覺、情緒或者是念頭的來來往往，就有了清晰的覺照；清晰的覺照會讓他對於當下的情境做出很多的分析考察，然後在分析考察後產生自己的反思：該怎麼反應、採取什麼行動，才不會連累別人，造成衝動的後果。同時，這個過程當中，他也看到了自己角色的界線。

有了相較於慣性反應更為理性的考察，他對於這個事件的覺知不再是原來所在的以暴制暴的因果關係，而是有了更大的範圍。這個時候他的心開始可以讓念頭有不同的變化。

這些變化可以用杜甫的詩句「潤物細無聲」來形容。這些細微的變化並不是每個人都可以很快速做到的，這是一個長期練習的過程。於是，每一個心念的變化，就漸漸地成為我們覺知的範圍，讓我們的感覺和認知幾乎可以同步；透過這樣的過程，我們的感覺跟認知也逐漸融合。這個時候，過去衝動的行為就改變了，他漸漸地只用握起拳頭來取代過往的衝動行動，不再把自己的憤怒無限上綱地表現出來。

這個轉化的歷程其實非常細緻又隱微，真的需要人們細細地去探看自己的心念，慢慢地與之相處，讓自我對這些念頭的覺知清晰明瞭，然後產生行為的改變。對於有細微觀照自己覺察力的人來說，這是一件不難做到的事情，只是把我們前面所談到的這些轉化漸漸的聚攏到心念的修練上。所以，為什麼修行人常常會說要轉念，轉念其改變的機制就在於這些點上。

9 生命的轉化

孤獨之必要

有一群我早些年教過的學生，他們從畢業後就在專業助人領域中耕耘、奮鬥好多年，實務經驗豐富，也取得很好的成就。但是，可能因為長期戴著助人者善良的角色面具，對於助人這件事，究竟是因為自己想助人，還是因為助人角色之必須，兩者的界線很容易漸漸模糊。

在某一次團體動力訓練中，有位學生被她的老朋友、老同學們直指出她因為助人工作所帶出來的「虛偽」，使得她當場愣住了，一個人縮到角落去。

看到她的反應，我走過去問她：「你現在感覺怎麼樣？」她說：「老師，我第一次感覺到我的生命當中這麼孤單、這麼孤獨！我前面做了很多很多的努力，雖然也沒有白費，可是，我努力這麼久，怎麼這些東西還在？」說著，說著，她的眼淚流了下來。

我接著對她說：「想哭就哭吧。你在這邊跟自己的情緒好好地在一起，何時覺得舒服了，再回來加入大家。」

大約半個多鐘頭後，她自己緩緩站起來，面容輕鬆、眼神光亮地走進她的小團體中。她的夥伴注意到她的變化，問她一個人在角落裡發生了什麼事？她開始感謝她的夥伴，她說：「如果不是你們這麼毫不留情地戳我，我可能一輩子都戴著這一身的殼。我沒有想到助人的殼這麼『可怕』，我已經是老經驗了，經常提醒別人不要迷失自己，竟然我自己已經模糊了界線卻渾然不察！」

她縮在角落中時，充分地和自己在一起，當然，她也是處在一個讓她安全自在的團體氛圍中，承接了過程中被自己否定的種種感覺，也和被截斷的自我重新連結。在連結中，有了滋潤和撫慰。

一直到現在，她偶爾跟我聯繫的時候，都還會提起：「老師，你知道嗎？那個時候的孤獨對我來講，記憶非常非常的深刻。就是從那次以後，每當我非常疲倦、非常勞累、非常挫敗的時候，我不是去吃喝玩樂，而是要真的回頭來跟我自己的那個孤獨好好的相處，然後我才能夠又活過來。」

從「角色我」走向「實有我」的過程，是一段在清楚自己被制約建構的明白中尋找、建立自我的過程，並試圖在角色我與自我之間尋求平衡的生存狀態。但是，在現實生活中如何在角色我中過得如意與活出自己的主體？看起來是矛盾的兩種生存狀態，我們就是因為角色我與自我衝突才感受到苦，如何可能讓這兩個「我」並存？

其實，不論是這位學生在低潮時與自己的孤獨好好相處，還是坐在蒲團上禪修，當我們把自己從紛亂的生活中隔絕，自己面對自己、自己陪伴自己時，我們都是在為自己創造一個內在空間。在這個空間裡，我們與自己深度接觸、與自己相遇（encounter）。

創造自己的內在空間，本是人類具有的能力，只是我們在社會化的過程當中，漸漸失去了它。何以見得呢？大家一定都看過幼兒自己一個人沉浸在故事書或玩玩具的世界裡的樣子吧？我對自己小時候的回憶中，就常出現我一個人獨自玩耍的畫面。但是，我們的社會鼓勵我們與他人建立良好關係，如果一個人漸漸長大以後，還是像幼兒一樣可以自己跟自己玩得很開心，就會被人評價為「不合群」、「孤僻」。所以，當我們開始重新學習自己與自己相處時，我們是再把這個能力找回來。

我記得有一次我向法鼓山退居方丈和尚果東法師請益時，我就跟他說：「我其實是一個很孤僻的人。」他回我：「我也是一個孤僻的人。」旁邊的人聽到我們兩人的對話都笑翻了，因為在大家的眼中，我是個在團體中很自在的人，而退居方丈和尚果東法師更以性情開朗、言語幽默、個性圓融著稱。但，為什麼我們兩人都認為自己孤僻？莫非是我們兩人都表裡不一？

不是的。能夠讓角色我與自我同時並存而不混亂的關鍵是：不否認良好的人際關係有其必要；不否認被建構制約的功能，又能在自我的內在空間中提升自主性。因此，面對孤單，進而擁有並享受孤獨（solitude），是修行轉化過程中的必要條件。

人類社會進入資本主義社會後，特別強調人際關係的重要性，大量且良好的人際互動是進入主流社會的標配，是成功人士的指標。如果沒有跟人維持良好的互動關係，不但會被貼標籤，人們也會開始自我懷疑、自我打擊，覺得自己好像不能夠跟大眾和光同塵。我們不允許自己有孤單、寂寞的感受，不允許自己獨處，更不允許自己只是安安靜靜地處在眾人之中，我們總是費盡心力的加入、搭建各種關係網絡，彷彿只要扮演好角色我，就是一個功能良好的成功人士。事實上，人人心中確實都渴望親密、渴望與人有良好的連結。

到底要如何能夠既與人群相合，又保持孤獨？

我記得聖嚴師父常在禪七的第一天告訴禪眾：「你就利用這七天跟自己好好地約會，好好地跟自己相處。」

我認為，聖嚴師父所說的「好好跟自己約會」、「好好跟自己相處」，以及所謂的「好好照顧自己」、「完全的接納自己」，都是孤獨的樣貌。

我有兩位朋友，一位內向，一位外向。內向的朋友因為個性的關係，很習慣獨處，自己生活，但她總覺得自己與社會格格不入，覺得自己無法滿足家人對自己的期待，無法做個讓主管可以放心交辦工作的人，只是個「魯蛇」（loser），心裡有很多說不出的孤單落寞。為了逃避這樣的自己，她更把全副心力集中專注在外在的事物上：工作、朋友、社交平台、各式各樣的活動，企圖用各種行動證明自己不是魯蛇。

後來，她的身心終於承受不住、崩潰了。她痛苦得幾乎快活不下去，被自己的身心逼得只能回頭面對自己，可是，打開潘朵拉盒子的那一刻，許多傷痛一湧而出，令她無所適從，一方面抗拒面對自己地繼續逃避，另一方面又渴望整合地回頭面對自己。

在走走停停、退退進進的孤獨中，她不時的問自己：「我為什麼那麼在意別人的眼光？」「什麼是我害怕被別人看見的？」「為什麼那個東西對我來說這麼重要？」這些在孤單中的自我探索，使得她對自己有了更深的瞭解，她得以看見自己是如何受苦，如何被過去的創傷所影響，也看見身體的限制與疼痛，看見各種框住自己的價值觀。

慢慢地，當「我很糟」的這個念頭又升起時，她可以分辨是外在條件不足還是自己能力不夠；當「我是個懶惰鬼」的批判聲響起時，她接受那是身體累了、需要休息了……。她發現，過去對自己的很多批判，是來自於對自己身心狀態的不了解、不接受。於是，她練習著發現自己又在喘氣時，就跟自己的身體對話：「辛苦你了，我慢一點喔。」覺察到身體累了，她就回家休息……

透過一次又一次的練習，她看到自己的限制，也接受了它們。慢慢地，她感覺到自己可以放鬆了。一段時間如此地擁抱自己的脆弱、善待自己的不完美、學著做自己後，她發現，在與他人的相處上，她的態度柔軟了起來，防衛心沒那麼強了，能更好地表達自己了，能欣賞生活中的酸甜苦辣了，於是，她雖然依舊是個內向的人，可是，與人連結的能力卻也很好。

另一位外向的朋友只要覺得寂寞或是心慌慌的，就會去找各種事情來做：娛樂、網購、下午茶、跟不同的朋友聚會……。在這過程中，她發現自己是個要求完美的人。為了達到完美，她討好別人，很努力地扮演好每一個角色。可是，越努力，內心就越不滿足——不滿意自己的表現，也對別人不滿意；反映出來的，就是個性越來越情緒化，但是，她又不接受自己是個情緒化的人，認為有情緒就是有問題，卻又找不到解決情緒的鑰匙。

後來，因緣際會，她接觸了禪修，練習著回到心裡面去體驗自己的感覺。慢慢地，她體會到如果能接受自己的樣子，就不會對他人有過多的要求了。現在，有時候她還是很難去面對自己的情緒化，可是，每次覺察到情緒的起伏，她會提醒自己去看看起伏的情緒裡面有些什麼——是哀傷？是憤怒？還是害怕？抑或是迫切地想要得到他人的肯定、讚美、瞭解和接納？

現代化社會充斥著各種經濟活動，交通與網路的發達更創造出了地球村，使得人與人之間的聯繫不再像過去那樣不容易，即使身處地球的兩端，也隨時可以透過手機、電腦，面對面交談。但，人與人之間並沒有因此更親密，反而是更疏離了，為什麼？

因為人跟人的心無法真正地靠近，所以即便有良好的人際關係，有良好的社會評價，人在心裡頭還是覺得自己是孤單的。

孤獨與孤單不同。孤獨是人在自我內在空間裡的自在狀態，而不是防衛他人、拒絕他人。在孤獨中，我們能對角色拉開些微距離地去觀看和理解，讓每個角色明確、立體起來，漸漸地各歸其位、各司其職，進而各自安住。於是，自我功能漸漸顯現出來，人在其中認識自我，感受到自己的獨特性。隨著內在孤獨感越來越擴張，越來越充滿在整個生命歷程當中，自我接納也會越來越深沉、越來越寬廣。

在極端的孤獨狀態下，人的自主性、自律性、自發性會油然而生，一個最深刻的自我接納，與最深刻的那種無條件的、容許自己成為一個獨一無二的我的可能性，開展了開來，於是，人會欣賞自己的所有，包括傷痛、挫敗等所有的不愉快，那是一種很完全的自我認同。

在我的生命歷程當中，孤獨一直都存在著。那個孤獨裡頭，是一種充分地擁有。所以，當我在孤獨裡頭，或是當我跟孤獨在一起的時候，我其實覺得我是寬容的，是被包容的；我可以包容我的孤獨，同時又被孤獨支撐著。那一種存在，獨一無二，別人拿不走也碰不到，可是又可以跟周遭的人、環境有一種融合的感覺。

這樣的孤獨感是一種自我慈悲。這個自我慈悲會讓我自己擁有自己的所有，包括我喜歡的，我不喜歡的，全部都在內。當一個人可以把自己的孤獨認清，而且培養出處於孤獨的良好能力時，隨著能力擴大，慢慢成為一種融合的力量的時候，那個力量是可以平等地看待整個世界的。

對自己慈悲是非常好的修練。慈悲與接納幾乎是同體的。一個人對自己的接納，對自己這樣的瞭解越來越通透的時候，孤獨的感覺也會越來越豐厚。在這個豐厚裡面，人的感覺是靈敏的、豐富的，再加上理性的思考，人生智慧油然而生。

孤獨中的自我內在空間，為什麼能有這麼大的功能？那是因為在自我空間中，人除了跟自己很親密地相處，同時感受也變得靈敏、豐富，自我覺察也會提升，就好像有了第三隻眼睛、第三隻耳朵可以看、可以聽一般，甚至連每一個毛細孔都能敏銳地感受到自己、感受到環境，並發展出一種「觀」的能力：看見自己、聽見自己、感受到自己，同時也看見他人、聽見他人、感受到他人。此時，觀的不是內容，不是抽絲剝繭的追查原因、推論結果，而是一種綜觀，觀整體的「結構」、「系統」——看見在因陀羅網上寶珠之間的相對位置與相互映照。因此，人在角色我與自我的選擇、進出上，就容易了一些，因而能夠有能力去與他人有深刻且和諧的互動，那樣的互動裡，有一些靜默的語言，彼此心知肚明、不需言說，卻有很多的體會與感受在交流著。

這種「觀」的能力不透過修行不可得。而具備「觀」的能力的人，其主體性（實有我）也必然有相當程度的穩定，這使得人隨時進行能「覺、察、知」的轉化歷程，且這樣的轉化過程，可能根本沒有普遍性的公式或通則，它是非常個人且客製化的，因為每個人的生命經驗都是獨一無二的，有各自獨特的路徑，所以只能啟動它，掌握動力後，它才能和我們的生命、生活中的方方面面產生關係，相互連動、揉合、運作。

禪修歷程是開發每個人內在空間的絕佳過程，在「獨釣寒江雪」的孤絕中，不但與自己相遇，也與天地、亙古融合。

與世界好好相處的孤獨

從孤單寂寞中轉化，進入孤獨的狀態，是一個建立起自我認同與主體性的機會，此時人能夠充分擁有自己、接納自己，不管好的、壞的、喜歡的、不喜歡的、同意的、不同意的，都願意照單全收。這樣的自我是比較整合、安住的狀態。這樣清澈通透的身心狀態，在面對紛亂的世道時，才會有能力真正的去跟人之間有很深刻的聆聽與互動，而那個互動裡面有一些靜默的語言，彼此心知肚明、不需言說，也有著很多的體會跟感受，彼此是和諧的。西方若干研究也證實，一個曾經對建立個人主體性下過工夫的人，能夠更好地維持與他人的親密關係。

這是因為當一個人能夠充分擁有自己，與自己親密的時候，才能夠具備與他人親密的能力。如何跟自己親密？就是處於享受孤獨的狀態。這是因為人在孤獨（solitary）的狀態下能面對並整合自己的所有，包括傷痛、挫敗，以及所有愉快與不愉快的經驗、認知、情緒。那是與自己親密非常重要的特質。

在禪修的過程中、在孤獨的狀態中，人的眼光、耳朵、感受力都會收攝回自己的身上，我們終於可以聽見自己跟自己的對話，也許是將過去翻騰一番，也許是跟自己嘮叨，也許什麼都有。這些對話會慢慢地安靜下來，不單是外在的世界安靜，自己的內在世界也安靜下來。當自己跟自己的相處可以安靜的時候，我們跟自己相處時就不再焦慮，跟世界連結時也不焦慮了，於是，輕鬆、穩定升起，讓人覺得自在、自由，使得人可以跟自己很親切地、不帶批判地相處。這時候，原來的孤單寂寞就轉變了。

我們開始享受一個人的孤獨，同時，我們也會開始一段時間的來回拉扯：究竟我們是要把心思放在自己身上，還是要放在外在世界？這樣的拉扯是我們在尋找平衡點，一方面輕鬆地跟外在世界連結，另一方面也輕鬆地跟自己相處。

自從我開始接觸禪修，幾次比較密集的禪修經驗，都是在法鼓山紐約象岡禪修中心跟著聖嚴師父學習。地緣關係，同時一起學習的人雖然以西方人占大多數，從一段時間觀察這些不同文化和背景的「同修」的變化，並與他們深入的互動後，我才明白，不論種族、文化和地域的差別如何，人心的不安都是來自自己跟自己的紛爭，包括各種選擇的斟酌、各個角色的衝突、角色與自我的拉扯。而打坐、修行的行動，創造了一個孤獨的時間與空間，在孤獨中品味孤獨，人自然逐漸能夠身心統一，將各個角色與自我整合在一起，使得每個角色都能各歸其位、各司其職、各自安住。

孤獨在轉化過程中扮演了非常關鍵性的功能，說得具體一點，那是一個擺平自己，進而能夠與世界連結的過程。無怪乎西方世界即便是以基督宗教為主，但是自二十世紀後半段，禪修成為西方人安定身心的重要選項。

生命是不停轉化的過程

生命，給予我們無限的體驗，只是，我們的體驗都很有限。在這有限的體驗中，我們走著、走著，突然感覺自己好像被困住了，有些人在這個時刻，開始尋求宗教的慰藉，甚而開始修行，刻意地去觀察自己、改變自己，而轉變了原有的慣性、習慣，甚至是想法的大轉彎。

這就是轉化嗎？

通常我們會以為，轉化是發生在當我們感受到生命已走到瓶頸或者困在胡同裡時，因為希望生命不只是這樣，期待還可以更進化，甚至活出不一樣的人生、能夠跳出彷彿一再重複的迴圈，而從處理外在的人事物，轉向處理自己內在世界的過程。但是，沒有重大創傷的平順人生也是可以轉化的，只要一個人認為自己對生命的體驗已經到了十字路口，希望這樣的體驗不是終點，希望自己可以繼續進化而有意願要改變，轉化就會發生。

因為我們總是能在生命持續創新的過程中捕捉到生命的轉化，並因此充滿希望。

所以，當發現自己某些行為或想法跟過去不一樣時，我們不需要急著貼上標籤，也不需要急著給答案，更不需要沾沾自喜地認為自己已經轉化，反而應該讓自己安靜下來，在孤獨中看著自己的轉變，從服膺世俗需要，逐漸轉向回應己身的生命召喚。

在這個過程中，一方面身而為人的意義會被創造出來，另一方面，我們又看清楚過往經歷的一切都是人為的造作。心中有一分了然之際，我們仍然老老實實地做該做的事，老老實實地過日子，只要道之所在，雖千萬人吾往矣。這其實就是空性，也就是無我——沒有任何執著地去做對得起人類、對得起人間的事情，而不是只求對得起自己！這樣的人生看似孤獨，但卻每天都過得有滋有味，所以我會說，享受孤獨是面對終極的底氣！

我與佛法的接觸始於受邀為僧團上課，回顧這些年來在生活、教學、研究上的種種，卻深感自己是聖嚴師父、僧團所帶出來的學生，我在他們言行所教導給我的佛法中學會如何看待世間事、學會如何在人際紛擾中安置自己的身心——這是我透過本書所分享的轉化之路。

這條路，自我們誕生即已展開。在我們還不知道什麼是自己時，我們透過媽媽、透過主要照顧者的眼睛看到自己；還沒學會說話，我們就學會討好身邊的人，學會透過表情、聲音、肢體語言的展示，來博得他人的關注、滿足我們的想要。同時，我們也在他人的表情、聲音、肢體語言中，學會什麼樣的行為才會讓自己生存得更好、更安適。

隨著年齡增長，各種角色加身，為了活得更好，我們必須在不同場域、不同情境表現出合宜的樣子。不論我們採取的態度是順從還是是衝撞，本質上，都是在社會架構對角色的期待中調適自己，使自己能夠「如其所是」——符合角色應該有的樣子，同時，我們也以為自己應該就是那個樣子。

但是，這樣的活不只讓我們安樂，同時也讓我們嚐到「苦」的滋味；可能是人際關係的糾結，可能是自我實現的限制，可能是環境的困頓……。我們想方設法讓苦消失，或借酒澆愁，或追求生活中的小確幸，或報名各種課程、增加自己的技能，或以各種理由說服自己去接受「苦」。迨到苦不堪言，才恍然明白，自己一直以來欲求出路卻不可得。於是生命的大哉問：「這樣活著，為什麼？」「我是誰？」「生命的意義何在？」「我喜歡這樣的自己嗎？」從心底冒了出來。孤獨的意識在生命覺知中融合、擴展。

我是家裡的老大，家裡人口眾多，所以從很早以前，我出門就習慣帶點東西回家，蛋糕、麵包、餅乾、水果……，如果時間允許，我也盡量自己做飯給家人吃，甚至每次過年，即使要花許多時間張羅，我也總是親自置辦年夜飯，讓老母親、手足、後輩享受「家的味道」。

這樣的盔甲，我們難以脫下，但另一方面，我們又渴望無事一身輕。疲於煮飯，我們可以偶爾外食換得喘息的機會，但是，並非所有的事情都如此簡單，我們該如何在兩難甚至三難、多難之間取得平衡？聖嚴師父說：「山不轉路轉，路不轉人轉，人不轉心轉。」人只有努力讓自己的心得到自由，才能真的自由。於是，我們開始思考自己跟角色的關係，「我應該如何如何，但是，我又想怎樣怎樣」一番掙扎、衡量後，我們做出選擇，可能是如常的作為，但是品質卻有很大的不同，因為我們心甘情願去完成角色任務。就好像我經年張羅二十多人團聚的年夜飯，真的是件大工程，特別是這幾年，真是要把我累癱了。一定要自己做年夜飯嗎？是誰逼我年年做飯？沒有人逼，是我自願的！是我自己想讓家人們吃到我父母輩的原汁原味，是我自己甘願把「長女如母」這樣的人設背上身的。所以，當我開始為年夜飯採買各種食材時，我的心裡是開心，甚至是有點興奮的；當我站在廚房裡，把做炸醬的六、七種食材切細、切碎時，我不會在乎做這道菜費時又手痠。

當我們在做各種衡量、評估、選擇的過程中，我們碰觸到了自己的核心價值，觸摸到自我認同的底線，並最終做出決定。套上《金剛經》的說法，這是在「降伏其心」——降伏我們的煩惱心。

於是苦、煩惱，不再是敵人，而是修行的材料、修行的夥伴，而「角色」就是修行的場域。把苦、煩惱，帶在身邊，天天看著它，當感受到苦、感受到煩惱時，問問自己：「我為什麼在這個時候煩惱、覺得苦？」在這些練習中，我們將學習到自己是怎麼一回事，逐漸地認識自我、肯定自我。

此階段，很大的工作是面對自己，老實地看著自己，原本孜孜矻矻去迎合社會期待的心、對外不斷攀緣的心，開始回到自己身上、被收攝回己身。漸漸地，我們可以專注地看著自己，心平氣和地看見、聽見自己。換句話說，透過降伏煩惱心，角色中各個面向的自我會逐漸整合在一起，原來的「我」還在，但是內在品質卻不一樣了，形諸於外，可能是思考的面向更寬廣了，可能是與人溝通的方式更善巧了，可能是對世界有更多的包容，更深的體諒與理解。即使所謂的「主體性」尚未成型，但自我成長的力量已然啟動。慢慢地，我們會明白，人的煩惱和苦不曾少過，但是煩惱會改變，苦會改變，我們終於能夠在三千大千世界的愛恨情仇中找到自己的定位，使得自己在這個世界上活得更好、更自由、更理直氣壯，心中有一份「應如是住」[1]的了然。

伴隨著禪修，因為安定的觀看，我們以十足的勇氣，保持著對自己的好奇心，允許自己去做一些不一樣的嘗試，同時堅持著不斷的練習，好似雕刻家一般，日日打磨材料，以細緻地雕琢出「我」這個人的樣子。

當然，不論是自己雕琢自己，還是被雕琢，每一次的刻畫都會帶來痛楚，但是，在苦痛中，我們也會慢慢地意識到，是生命召喚我們剝去覆蓋於寶珠上的塵埃；而回應此生命召喚，能使我們成為在生命的因陀羅網上自放光明的摩尼寶珠。

有了這樣的覺悟之後，我們對於雕琢生命過程中的苦感就會越來越淡薄，原本幾乎無法承受的苦，漸漸地就不住在心裡頭了；原本牢牢綑綁著、糾葛著的各種情結與痛苦得以鬆綁，甚至重新看待、安放。

當自我這顆摩尼寶珠能夠映照萬千時，我想，那也是《金剛經》「應無所住」[2]的境界了。

1 「應如是住」語出《金剛經》：「善男子、善女人，發阿耨多羅三藐三菩提心，應如是住，如是降伏其心。」所謂的「住」，聖嚴法師曾解釋：「住的意思是執著，心裡有罣礙、很在乎，如果心頭不牽不掛，就叫『不住』。」（取自：https://ddc.shengyen.org/?doc=07-02-003&tree_id=j1_3178）此處的借用是比喻人在轉化過程中，必須經過確立實有我（Solid Self）的階段。

2 《金剛經》：「應無所住，而生其心。」對此，聖嚴法師解釋：「『應無所住』是不在乎、不牽掛、不執著、無分別，都很好，沒什麼不好，也沒什麼更好，心已得解脫自在，但是仍有功能，有作用。也就是心中沒有煩惱、沒有執著，卻有智慧。」既已沒有執著，又為什麼會生心？聖嚴法師進一步解釋：「那個心不是煩惱，而是智慧的功能，不是煩惱的執著，不是利害、多少、人我、是非、爭長論短，而是自然的智慧的反應，該怎麼做就怎麼做，應怎麼說就怎麼說。」詳細內容請見《法鼓全集》（二〇二〇紀念版），〇四—一四，《神會禪師的悟境》，https://ddc.shengyen.org/?doc=04-14-003&tree_id=j1_1519#top

後記

讓修行前、後的世界參照對話

此書的產生過程，讓我有機會回顧自己數十年來禪修學佛所帶來的變化，雖然還不至於如夢幻泡影，但是變化之大，令我深感箇中之奇妙。其中雖然有些是生命中必然的變化，但是許多出奇不意的轉折，卻是始料所不及，於是起了整理的念頭。

當年那個深受寵愛、活蹦亂跳，生性雀躍而不知人間疾苦的小孩，即便在各種角色間勉力穿梭，活到今天的楊蓓，竟在中年後，深刻體會到人間的糾結與顛倒之苦。為了回應曾有的厚愛與滋養，願意傾盡心力為回報而努力，如今雖已是年過七旬的老嫗，仍然憶起當年聖嚴師父告訴我，修行的目的是「上報四重恩、下濟三途苦」，卻還是那麼遙遠！

歷經數十個禪七，深深淺淺的體驗，雖然都有當下不同的領會，但是三十年參與禪修學佛的歷程，也讓我看到了自己如何看待這個世界的變化。

頭五年，是一個「佛在眼前」的階段，接連不斷地禪修體驗，如同活在一個清涼世界中，所有的時空感和這個世界是有距離的。這時候除了深信禪修可以為人間帶來平和與安詳，也用清涼世界的眼光來看這個滾滾紅塵。

有時候會厭離，有時候卻也無可奈何，因為每個人都有自己的路，如果尚未體會到清淨，其實是不知道自己的苦不堪言。漸漸地，終於肯認「顛倒夢想」是一個人間實相。

往後的近二十年，是一個探索和重組自己對這個世界的認知與感受的過程。是幸，也是不幸，這期間經歷了師父、家父和先生先後過世，他們的離去每每給了我深刻而又痛苦的省思，讓我更認真地去建構我原來所認識的世界和修行後的世界，是如何同時存在，又如何相互參照與對話。

此時，我漸漸地可以更深入去理解和體會周遭人的身心不由己，進而總想著助人專業其實能涵蓋的面，實在不大。幾次參與災難救援的行動中，看見聖嚴師父以他修行的功底來撫慰人間創傷，更讓我開始深思，修行，應該要普及，讓人們更能夠自己幫助自己。

然而學佛修行這件事的緣起實在很古老，所以如何可以讓人在日常生活中把修行當作一個生命課題去實踐，就成為我在教師生涯的後半段中，一邊思考，一邊教學的重點。

我近十年的學生都是有充分生命歷練的人，每每在課堂上的互動與交流，總是讓我在心中不斷地來回激盪與深思，讓我將這一路以來於修行、實踐、反想的點滴，匯聚成篇。

在此書即將出版之際，再一次回看自己的老年生活，我只能說「人生七十才開始」。因為，年老，又到了一個新階段的起點，上報四重恩，下濟三途苦的修行，還在途中……

楊蓓　二〇二五年五月十日

編輯後記

願讀者領受寶珠照耀的光芒

呂佳燕／本書作者助理

「編輯都是躲在後台的啦！」這是楊蓓老師囑我署名寫一篇後記時，我心裡頭冒出來的第一個想法，但同時我也明明白白，這是我逃性不改的託辭，是我想偷懶的藉口。我沉默地面對著老師，老師則由著我面對自己，與自己交戰。

我問自己：「還逃嗎？」

「想，但，好像不能。」

「不逃，能如何？」

掙扎了好多天，唉，就試著從起頭開始吧！

剛收到老師交付本書的編輯工作時，我心裡頭五味雜陳：第一味雀躍，終於就快有機會看到老師有系統地描繪出她心中關於禪修與心理學交會的圖像了；第二味興奮，我居然可以參與其中，還能就細節部分跟老師討論；第三味感激，雖然已經畢業，但因此書之緣，可以名正言順地繼續上老師的課，真是太幸運了；第四味擔心，很怕自己沒有能力重新梳理老師的上課內容；第五味疑惑，佛學素養不夠，心理學只有基礎程度，又沒有深刻禪修經驗，不禁懷疑：我有辦法做這件事情嗎？

接下來，老師召集我和同事演真開了許多次會議，特別是在架構此書的階段。其實，老師大可以直接列出綱要，讓我和演真去執行就好，無需如此費事。但她一次又一次，不厭其煩地與我們討論，目的是希望呈現出來的文字能讓讀者看得懂、用得上——一方面有故事性，另一方面又有深度，讓讀者可以從看故事中觀察、整理、對照自己的生命經驗，並且要避免讀者被文字拉離開了生命轉化的主軸。

為此，在整理的過程中，許多非常細膩、精彩的討論被我捨去了，例如：關於苦的本質與內涵是什麼？尋找意義為什麼可以解決痛苦？孤獨與孤單（loneliness）不同之處在哪裡？虛無、停頓、懸宕期、生命中的空白都是轉化過程中必要的孤獨嗎？又例如：本書呈現修行歷程是「假→空→中」，但傳統佛教認為「空以破一切法，假以立一切法，中以妙一切法」，是「空→假→中」的歷程，老師為什麼取前者立說，而不於傳統說法上連結心理學？

及至進入文字細部的工作階段，每每從回稿中，我都能感受到老師的細膩與謹慎，例如，關於 Solid self 如何中譯的問題，除了就「存在我」、「實有我」、「主體我」三種翻譯的優缺點討論多次之外，也曾決定以原文呈現於書中，避免文字上可能產生的誤解，直到最後參考心靈工坊團隊意見，才拍板決定採用「實有我」。

回想這些日子，我有種彷若置身於一張因陀羅網，正被織起這張網的閃亮寶珠照耀著的幸福感受；智慧寶珠照亮了一直以來的不明白，生命困頓輝映著心底的脆弱、人生大哉問點亮長久心不安的源頭……，我就這樣在澎湃的心情中，同時思考著這段文字比較適合放在這裡還是那裡，那個轉化經驗可以作為哪個段落的例子，持續與文字海奮戰。

拿著心靈工坊排好的稿件，回看這些日子的工作成果，坦白說，我心中忐忑，擔心也許可以有更好的表現方式，讓楊蓓老師對於修行與轉化的想法更完整呈現！

但這是我們目前能做到的最好的成品了。願所有讀者都能在閱讀本書文字的同時，感受到寶珠照耀的光芒。

心靈工坊 PsyGarden

Master 094

靜靜地，我改變了：從覺察到轉化，一位心理工作者的禪修筆記

楊蓓—著

出版者—心靈工坊文化事業股份有限公司
發行人—王浩威　總編輯—徐嘉俊
執行編輯—趙士尊　封面設計—黃怡婷
內頁排版—龍虎電腦排版股份有限公司
通訊地址—10684 台北市大安區信義路四段 53 巷 8 號 2 樓
郵政劃撥—19546215　戶名—心靈工坊文化事業股份有限公司
電話—02）2702-9186　傳真—02）2702-9286
Email—service@psygarden.com.tw　網址—www.psygarden.com.tw

製版・印刷—彩峰造藝印像股份有限公司
總經銷—大和書報圖書股份有限公司
電話—02）8990-2588　傳真—02）2290-1658
通訊地址—248 新北市新莊區五工五路二號
初版一刷—2025 年 6 月　初版二刷—2025 年 7 月
ISBN—978-986-357-444-6　定價—380 元

國家圖書館出版品預行編目資料

靜靜地，我改變了：從覺察到轉化，一位心理工作者的禪修筆記 / 楊蓓著 .
-- 初版 . -- 臺北市 : 心靈工坊文化事業股份有限公司 , 2025.06
面；　公分 . - -（Master；094）
ISBN 978-986-357-444-6（平裝）

1.CST: 佛教修持

225.87　　114006756